En la soledad de un cielo muerto

En la soledad de un cielo muerto
© Laury Leite, 2017
© Sobre esta edición: La Pereza Ediciones, Corp

Reservados todos los derechos. Ninguna parte de este libro puede ser reproducida, almacenada en sistemas de recuperación o transmitida de ninguna forma, ya sea electrónica, mecánica, por fotocopia, grabación, o de otra manera, excepto que sea expresamente permitido por los estatutos de autor aplicables, o escrito por el autor.

Impreso en Estados de Unidos de América

ISBN-13: 978-0999314890 (La Pereza Ediciones)
ISBN-10: 0999314890

Para más información:
www.laperezaediciones.com

EN LA SOLEDAD
DE UN CIELO MUERTO

LAURY LEITE

Para Katie
Para mi mamá

Nunca pretendí ser más que un soñador.
Nunca presté atención a quienes me hablaron de vivir.
Fernando Pessoa, *Libro del desasosiego*

Cuando en la soledad de un cielo muerto
brillan unas estrellas olvidadas
y es tan grande el silencio del silencio
que de pronto quisiéramos que hablara.
Xavier Villaurrutia, *Nostalgia de la muerte*

LOS AVIONES EN EL AIRE

Tal vez la plenitud se encuentre ahí, dijo André, en un cuerpo.

1.
Enfrente de una multitud exaltada de la que emergían cartulinas de bienvenida, coloridos ramos de flores, gritos súbitos e irreprimibles de reconocimiento, sonrisas tensas, fusiones de cuerpos redescubriéndose, caras cobrizas algunas, oliváceas otras, y ojos, miríadas de ojos, ojos por todas partes, un hombre de mirada apagada sujetaba una pequeña maleta azul y buscaba los ojos de su madre.

(Poco después, al no verla por ningún lado, el hombre se sentó en un rincón del atrio del aeropuerto y con creciente inquietud se dijo: "Nunca sabré a ciencia cierta qué fue lo que me arrastró a tomar un avión, cruzar el océano Atlántico y borrar en diez horas ocho años de vida, pero lo cierto es que aquí, en este aeropuerto, en medio de toda esta gente desconocida, siento que lo único que me puede salvar es volver a ver los ojos azules de mi madre.")

Y sentado sobre su pequeña maleta azul esperó.

2.

"El tumulto de las grandes ciudades." Esto se dijo André al observar el tráfico de su ciudad desde el asiento delantero del taxi que los llevaba del aeropuerto al apartamento de su madre. Cielo plomizo, lluvia, ruido de coches. Como esos ríos atestados de tanta basura que el flujo del agua queda paralizado, el tráfico obstaculizaba el tránsito de millones de personas. Era viernes y todos estaban ansiosos por interrumpir su semana laboral y renacer, ya en casa, en los múltiples placeres que proporciona el fin de semana. Y todo era descolorido; casi tan desvaído como el café que había apurado antes de bajarse del avión.

Al contemplar a la muchedumbre que se extendía ante él, pensó que gran parte de los habitantes de las grandes ciudades se arrastran como fantasmas de lunes a viernes en trabajos fastidiosos (yo, sin dudas, he sido durante años y años uno de ellos) y resucitan los viernes en la tarde. Por espacio de dos días y unas cuantas horas más, abandonan el cautiverio de sus trabajos y, bajo la influencia de la libertad, el movimiento de sus vidas se emancipa. André recordó cómo, en "la ciudad de los muertos", sentía que Hélène sólo lo quería los fines de semana. Y él a ella. Entre semana sólo había tiempo para obedecer la rutina, para el "buenos días, periódico, café, noticias, trabajo, almuerzo, trabajo, ¿cómo te fue hoy?, cenar y a dormir y a empezar todo otra vez". Era como si el apremio por generar mayor riqueza les hubiera entorpecido la capacidad para dedicarse el uno a la otra. El riguroso mecanismo de la vida contemporánea apenas les concedía un pequeño reposo para disfrutar de la improductividad. El grueso de su tiempo se lo había devorado la necesidad de acumular dinero, la medida de todas las cosas. Tal vez por eso las relaciones superficiales funcionan tan bien dentro del engranaje capitalista: no nos exigen dejar de producir y acumular. "Sí", pensaba André mientras veía la alineación de coches extranjeros que ratificaba el progreso de su sociedad, "hoy, en un par de horas, después de un baño caliente y una cerveza helada, todos van a olvidar sus trabajos y se van a querer durante dos días y unas cuantas horas más." Hasta que vuelvan a despertar en la pesadilla del lunes por la mañana, claro.

Después de girar su cabeza un par de veces con objeto de relajarse, examinó los edificios que flanqueaban la calle en busca de algún punto de referencia que estableciera su posición dentro de la traza de su ciudad. Estaba despistado y no reconocía el barrio que atravesaban. Todo y nada parecía haber cambiado. Ahí seguían, coronando los edificios, los carteles anunciando yogurts, ofertas telefónicas, programas de televisión, toallas femeninas o la dudosa probidad de los políticos. Pero así y todo, a diferencia de ocho años antes, le molestaba advertir que las caras con rasgos europeos (aunque con demasiado gel en el pelo para parecer europeos), impresas en los espectaculares, no tenían nada que ver con la mayoría de caras morenas, con rasgos indígenas, de la gente en los coches a su alrededor. Desplazaba la mirada de los carteles a una tienda de abarrotes, luego a un taller mecánico, a un restaurante de comida china y no tenía ni idea de dónde estaban. ¿Dónde estaban? Un letrero verde señalaba Río de la Piedad. ¿Dónde era eso? El nombre le resultaba familiar, pero no se animaba a preguntar. No quería iniciar una conversación con su madre, o peor aún, con el taxista. Su madre había intentado hablar con él un par de veces, pero André la cortaba cada vez que abría la boca. Era una persona privada. No quería que el taxista escuchara nada acerca de su vida. Se aguantó la curiosidad. Miró de refilón al taxista que bostezaba. "Nada", pensó. Tiró la cabeza hacia atrás, echó un suspiro y cerró los ojos. Comenzaba a sentir, por vez primera desde el aterrizaje, el cansancio, y la idea de que pronto se acostaría en una cama limpia lo reconfortó. De su boca salió un bostezo largo y llano. Tras un momento de vacilación, abrió los ojos otra vez, los fijó en el retrovisor y le preguntó a su madre:

– ¿Falta mucho?

– No, no, ya no. Ya casi llegamos…

– Unos once minutos más, si mucho trece –la cortó el taxista. No soportaba ni un minuto más de silencio. Al no escuchar respuesta volvió a la carga–. Estirando mucho, pero mucho, ya exagerando, un máximo de quince minutos. Pero exagerando, como mucho unos quince o hasta diecisiete…

Al cabo de unos minutos, el taxi se detuvo frente a un semáforo en rojo. Había caído la noche. Las luces de la ciudad flotaban en la negrura espesa. André entreabrió su ventanilla para respirar. Un poco después la abrió aún más y entornó los ojos. Una ráfaga de calor se formó a su lado. Volteó a su derecha. Un niño, vestido de payaso, escupía fuego por la boca. André examinó los coches alrededor de él y le sorprendió percibir la indiferencia de la gente. El niño volvió a escupir el combustible hacia la antorcha y propulsó otro fogonazo. Luego se acercó a la ventanilla de André y le ofreció la mano para que depositara en ella una moneda. André rehuyó su mirada y sacudió la cabeza. Le habría querido dar dinero, pero su rechazo estaba fundado sobre bases reales: no le quedaba ni un centavo. Ni en su bolsillo, ni en su cuenta bancaria, ni en ningún lado. "Nada", pensó.

El semáforo se puso en verde y el taxi avanzó. Los coches pasaban al lado del niño. La lluvia empezaba a caer con más fuerza. A través del retrovisor, André vio cómo el niño intentaba reanudar su ritual de fuego, pero a causa de la lluvia la mecha ya no encendía. Era hora de acabar con el circo.

"Qué asco de mundo", se dijo.

3.

A medida que el whisky se esparcía por su lengua, la abarcaba despacio hasta recorrerla entera y luego fluía por su esófago como una cascada desplomándose sobre el vacío de su estómago, le vino una especie de nostalgia al recordar que el vaso viejo que tenía en la mano era el mismo vaso que su abuelo sujetaba en todos los recuerdos que conservaba de él. Cada vez que se daba un trago, un pequeño tumulto de ardor placentero estallaba en su boca y la memoria del abuelo lo volvía a visitar. Un foco pelado, colgando en la mitad del techo, desparramaba una luz amarillenta y deslucida sobre el centro de la sala. De tanto en tanto su madre, sentada delante de él, le daba sorbitos ruidosos a una copa de vino. No podía creer que fuera verdad: su madre había dejado de fumar.

Durante la cena, André y su madre habían recordado episodios divertidos que habían ocurrido años antes, cuando él todavía vivía en la Ciudad de México, o como él mismo la llamaba, "la cloaca". Estaba de buen humor: le había serenado darse cuenta de que la casa de su madre no degeneraba tanto como lo había imaginado y visto en fotos. "Incluso tiene un encanto especial, como si perteneciera a otra época", pensó. A pesar de estar bastante avejentado, era un edificio bonito, construido a principios del siglo XX, estilo Art Nouveau.

Su madre le hablaba de sus clases y se reía de vez en cuando. André la oía distraídamente: asentía con la cabeza y sonreía cuando adivinaba que su madre buscaba reafirmación o cuando percibía que bromeaba. Pero su mente, propensa a la divagación, en realidad meditaba en cómo en un principio los recuerdos y la realidad divergen, y luego, cuando la sorpresa inicial se disuelve, vuelven a converger y emerge el reconocimiento. En el aeropuerto había experimentado una sensación de extrañeza al ver en el rostro de su madre una cara ajena, diferente a la que recordaba en "la ciudad de los muertos". Su memoria había conservado la imagen de su madre como era años atrás, ignorando el paso del tiempo, de modo que la sorpresa al verla fue inmensa. Ocho años de envejecimiento gradual se le agolparon en un instante. Pero a lo largo de la cena fue asimilando las arrugas y las canas, y la sensación de extrañeza, poco a poco, se desvaneció.

Cuando no tuvo más que decir, su madre se animó a preguntarle por su vida en "la ciudad de los muertos". La pregunta le suscitó a André imágenes múltiples, una especie de mosaico cubista que englobaba su vida en el extranjero; un mundo aparentemente unitario, pero que ahora, al contemplarlo desde "la cloaca", le daba la impresión de haberse fragmentado: las calles en subida y bajada; la florería de la esquina, con su dueño regordete al que le compraba flores una vez al mes para regalárselas, exultante e inquieto ante semejante muestra de sensiblería, a Hélène; las playas en las que él y Hélène solían veranear; el quiosco de prensa adonde acudía infaliblemente los domingos para adquirir el suplemento semanal del periódico; el café donde se conocieron él y Hélène; las plazas atestadas de gente recalando y bebiendo diminutas cervezas para refrescarse; sus visitas a la ópera; los jardines barrocos con su estatua equilibrada en las dos patas traseras de un caballo; las imponentes esculturas de reyes visigodos y cristianos, cuyo peso atemorizó a una reina en sueños hacía más de dos siglos y medio: ¿cómo responder a esa pregunta de su madre?; ¿cómo transmitirle la complejidad de lo vivido mientras había estado lejos de ella; no los sucesos aparatosos con sus engañosas explosiones, sino su vida real, la que él soportaba día tras día? André desconfiaba de la épica de los *grandes eventos*. La consideraba un equívoco a la hora de definir el decurso de la vida de las personas. Pensaba que los *grandes eventos* únicamente se podían considerar como gritos imprevistos cuyo eco reverberaba con fuerza al inicio y luego, a medida que la inercia ponía en marcha la cadena de los días, se debilitaba. Pero en ningún caso se podía considerar a los grandes eventos como *la vida en sí*. Para André, *la vida en sí* no era más que un largo grito impregnado de hastío, una sucesión interminable de momentos cotidianos que estrechaban su sinsentido en torno a él, y le sembraban impulsos de autodestrucción. Y como no consumaba su autodestrucción del todo, su mente transformaba el vacío de los días, sobre todo después de que había clausurado su tienda, en una fuente inagotable de desprecio hacia sí mismo. "Si me dispongo a responder con honestidad", se dijo, "debo relatar el día a día de mi vida en la ciudad de los muertos: el café, el almuerzo, el dinero, la tienda, los días con Hélène, la cena y el sueño; y a estas horas, ¡qué pereza!"

– Fueron buenos tiempos –agregó incómodo y le dio un trago al whisky.

Su madre no cedió:

– Pero cuéntame qué hiciste desde que cerraste la tienda.

– Nada. Es decir, viví, aprendí, busqué trabajo, pero la cosa estaba difícil…

– Claro. Mi amiga Renata me dijo que se habían puesto feas las cosas allá.

– Sí, bastante mal la verdad, pero en fin. Estoy muerto... –dijo André mientras apuraba el resto del whisky.

Después de lavarse la cara y los dientes, André fue al cuarto que le había preparado su madre y cuando regresó a la sala se detuvo en el confín del pasillo, sujetando un reloj de pared de estilo minimalista con la mano derecha. Observó los muebles de la sala con la mirada atenta, recordándolos, persiguiendo en sus rincones recuerdos de su infancia. No reconocía el piano vertical que estaba en una esquina de la sala. Ni la planta arácea que estaba a su lado. Pero la estantería de libros, la mesa, el sofá y el aparador caoba, por cuyo espejo se veía a su madre lavando los trastes en la cocina, le retraían el peso de la atmósfera en que su vida se había desenvuelto muchos años antes. Eran una prolongación de la antigua casa de su abuelo, el único vestigio de esa inmensa vivienda donde había pasado su infancia y adolescencia. Por primera vez en mucho tiempo, la sensación de estar errando sin rumbo por el mundo desaparecía. Los muebles, como si fueran las ruinas de una civilización antigua, le proporcionaban una densidad a su pasado, y le surgió la esperanza de que sobre ese pasado podría reconstruir su vida.

Se dirigió hacia la cocina para darle las buenas noches a su madre antes de irse a su habitación a dormir. En el trayecto, se paró ante la ventana y miró el cielo. Luego cerró los ojos. Aún sentía los efectos del whisky. "La noche es mi única certeza, la misma noche en todos lados", pensó. Abrió los ojos y miró hacia abajo. Las luces de distintas tonalidades, amarillas, blancas y una roja, iluminaban las paredes desconchadas del patio interior. "Los vecinos parecen vivir en paz en este edificio de cinco plantas, en la tranquilidad de reconocer el mundo que los rodea", pensó; "mañana, después de haber dormido la noche entera, me voy a sentir mejor."

Su madre salió de la cocina secándose las manos.

– ¿Y el otro piano? –preguntó André, señalando el piano vertical reclinado contra la pared.

– Hace años lo vendí, André –dijo tranquilamente–. El año en que te fuiste, ¿no te acuerdas? Acuérdate, te lo conté. Pasé una temporada escasa de clases y lo tuve que vender. Me dio lástima, no te creas, pero ni modo. A parte era inmenso, ¿no te acuerdas? No habría cabido en esta casa ni embutiéndolo, ni aunque lo martilleáramos –se rió–. Si ya los muebles se ven apretados como los tengo, imagínate con el piano. Si diera muchos conciertos todavía, valdría la pena haberme quedado con él, pero lo pensé mucho y para dar clases y ensayar yo sola, no venía al caso. A mi edad, André, si mucho voy a dar un concierto más, ya no estoy para seguir armando proyectos de cero. No te lo había dicho, pero de hecho estoy pensando en dar un concierto más en septiembre u octubre, así como de despedida, todavía no decido muy bien el programa, y después dedicarme ya solo a dar clases. Estoy pensando en el *Winterreise,* pero tengo que encontrar un buen cantante. Tengo un amigo de Nueva York que me encantaría, pero está ocupadísimo. Estoy moviendo contactos, a ver si encontramos dinero. A ver qué pasa. Para eso éste me funciona muy bien –lo acarició–. Y bueno, con el dinero del otro piano pagué unas deudas y viví bien durante una temporada. Todo pasa por algo, André.

– ¿A quién se lo vendiste? –preguntó André.

– A Roge. A Rogelia. Ah, cierto, no la conoces, es la chica a la que le di clases hoy, la que me recomendó el taller mecánico para arreglar el coche –dijo su madre–. ¿Ves? Incluso lo toco tres veces a la semana.

André le extendió el reloj que sujetaba a su madre:

— Éste fue de los últimos que quedaron. Lo guardé para regalártelo.

Intercambiaron una mirada. Su madre le agradeció el regalo.

— ¡Qué bueno, al menos, tenerte de regreso! Todo pasa por algo, hijo. Vas a ver que aquí todo va a ir mejor —le dijo, acercándose a él para darle un abrazo.

André se dispuso a ir hacia su habitación, pero su madre lo retuvo. Después de vacilar le preguntó si le sobraba algo del dinero de la casa. André, mirando al vacío con expresión torturada, respondió:

— Nada.

— ¿Nada? —replicó ella.

— Nada —repitió André con el mismo tono.

— Bueno, no te preocupes. Me alegro de que estés de regreso. Aquí todo irá mejor. Vas a ver.

André se sintió expuesto. La pregunta le produjo una sensación de incertidumbre. Al mirar otra vez los ojos azules de su madre se le dibujó una sonrisa ácida en la cara. Le dio las buenas noches y se fue a su habitación.

3:22 a. m.

("En la pared se estampan las sombras del árbol. Un hilo de luz que viene del baño ilumina los bordes de la puerta de mi habitación. El rumor de las hojas me apacigua. La brisa viene en corrientes entrecortadas y luego desaparece. ¿Hacia dónde se dirige el viento? ¿Se encauza en una línea recta, atravesando el hemisferio, o brota como un remolino, girando apresurado para luego extinguirse en la nada? El aire atraviesa el vacío de mi habitación hasta que choca contra las aspas del ventilador y regresa hacia mí, refrescándome. Más viento. Se suelta la lluvia. El aire vuelve a revolver las hojas del árbol. Las ramas crujen. El ronquido del retrete al succionar el agua revuelta con la orina de mi madre me estremece. La luz del baño que enmarcaba la puerta de mi habitación se apaga. Los pasos de mi mamá, enmudecidos por el afán de no despertarme se alejan hasta llegar a su habitación. La puerta rechina al abrirse, pero no al cerrarse. Un golpe ahogado me indica que la puerta se cerró.

¿Por qué no me puedo dormir?

Siempre igual, estoy destrozado, caigo como el plomo sobre la cama, duermo dos, tres, cuatro horas y de pronto me encuentro con los ojos abiertos, despierto, con la consciencia hipertrofiada.

¿Qué hora será?

El sabor del whisky que bebí hace horas hace de mi boca un desierto. Siento los ojos como si me los hubieran restregado con cristales rotos, o como si un gato me los hubiera arañado con sus garritas. Un perro afuera le ladra a su soledad. Me extraña que mi mamá haya guardado estas sábanas estampadas con dibujos de ovejitas saltando obstáculos. Conservan su frescor, aunque estén moteadas de pelusas que descienden desde mi infancia. ¿Hace cuánto tiempo no dormía entre estas sábanas? Desde antes de mudarme a aquel apartamento al lado de la universidad, cuando todavía vivíamos en la otra casa, seguramente. Al menos doce años. Aquella casa era inmensa. Me recuerda al abuelo. Como el vaso de whisky y su pluma Parker. Es extraño, aunque fuera *nuestra* casa, no la puedo concebir sin la presencia del abuelo. ¿Quién vivirá ahí ahora? ¡Cómo pasa el tiempo! Las sábanas retienen el olor a las tardes de verano de mi infancia; sí, conservan el olor del plástico despedido por los juguetes *Lego* con los que erigía y destruía mundos. Mi infancia huele a plástico hecho en China. ¿Qué será de Josué y de Ramírez? ¿Vivirán aún en la cloaca? ¿Y Federico? ¿Cómo le irá en el negocio que abrió? Cómo debió de sufrir el pobre. El lengüitas. El hormiguita. ¿Hacia dónde los habrá llevado el tiempo?

¿Por qué no me puedo dormir?
vueltas y vueltas y vueltas y vueltas

Deben de ser las tres y media. Siempre me despierto a las tres y media. Aunque, con el cambio de horario, para mí son las diez y media de la mañana. El olor a tierra mojada se desprende de las aceras y se impregna en mi habitación. *Mi* habitación. Es curioso que mi mamá haya alquilado un apartamento con dos habitaciones, como si augurara que iba a volver. ¿Cómo es posible que no me quede nada de dinero? ¿En qué se fue? Claro que no me puede quedar nada de dinero, la vida en la ciudad de los muertos es carísima. El hombre es lo que decide ser. ¡Qué idiotez! La cloaca, otra vez la cloaca. Este barrio me resulta misterioso. Creo que había estado aquí antes, pero sólo en un bar cerca de la plaza, no me acuerdo del nombre.

¿Por qué no me atrevo a encender la luz
y me resigno a no dormir?
no, no es mi culpa

Las lluvias primaverales de la cloaca son imponentes. Las había olvidado. ¿Dónde irá a dormir aquel niño que escupía fuego en la calle con esta lluvia torrencial? ¿En la calle? Tendría que haberlo invitado a vivir aquí.

¿Por qué no me atrevo a
encender la luz?

¿Qué es lo que no quiero
ver?

¿Por qué no me atrevo a
encender la luz? ¿Por qué no la enciendo
y me resigno a no dormir?

¿Por qué no me atrevo a
encender la luz?")

4.

André yacía en la cama con los ojos clavados en una pared. El ventilador zumbaba y desplazaba el aire cálido hasta él. Daba la impresión de que había permanecido en esta posición, sin moverse, desde las tres y veintidós a. m., la hora maldita a la que se despertaba cada noche. Mientras examinaba la pared de enfrente, repasaba las ocho noches de insomnio que lo habían atacado desde su regreso. Y la incertidumbre sobre su futuro comenzaba a rondarlo con creciente amenaza.

¿Qué hacer? Durante la semana no había hecho nada. Había pasado largas horas en la cama discurriendo sobre la vida, la muerte y el más allá del mundo entero. Cuando estaba seguro de que su madre había salido a dar clases, se aventuraba a cruzar el umbral de su habitación, sacaba algún libro de la estantería y se arrojaba en el sofá donde pasaba momentos de placer sedentario. Cuando no se le antojaba leer, atravesaba el umbral del cuarto de su madre y despilfarraba horas frente a la computadora. A veces, deambulando por caminos que no lo conducían a ningún lado, acababa desviándose hasta llegar a la pornografía, y gastaba su tiempo alternando entre videos caseros y videos profesionales. A lo largo de la semana le había atribuido su pereza al *jetlag*, e incluso encontró varias páginas que legitimaban su conducta. Anoche, sin embargo, la disposición para engañarse se había esfumado y la incertidumbre acerca de su futuro le provocó un sentimiento de culpa que a su vez lo incitó a encauzar su vida hacia un "camino" definitivo. Pero ¿cuál era ese "camino"?

¿Qué debía hacer? ¿Recomenzar una nueva vida? ¿Retomar la vida que había abandonado antes de marcharse de "la cloaca"? ¿Trasladar los fragmentos que quedaban de su vida en "la ciudad de los muertos" a "la cloaca" e intentar rearmarla como si se tratara de los pedazos de un rompecabezas? Se puso de pie y apagó el ventilador, como si procurara apagar el mecanismo destructivo de las malditas preguntas. "¿Por qué los hombres tienen que hacer algo con sus vidas?", pensaba, "¿por qué no sólo tirarnos en la cama a meditar?, ¿por qué siento tanta culpa ante la improductividad?" El zumbido de una mosca lo extrajo del ataúd de preguntas en que se hallaba enterrado. Se dirigió a la ventana para intentar sacarla de su habitación. "Nada", pensó. Bostezó. El día se desdoblaba ante él como un mar gris y agitado. ¿Cómo abalanzarse sobre este sábado? ¿Qué hacer con el día? ¿Cómo sumergirse dentro de él? ¿Cuál era el camino indicado para encauzar su vida?

Al otro lado de la puerta se escuchó la voz de su madre: "Sí, el lunes me queda bien; no se preocupe. Al contrario, gracias a usted. Claro que sí, sí tengo su tarjeta. El lunes nos vemos entonces, gracias. Adiós, gracias, sí, hasta luego, bye". No escuchó respuesta. Hablaba por teléfono. "Menos mal", pensó André. Lo último que quería era entablar una charla con alguien sobre sus días en "la ciudad de los muertos". Se había agobiado ante la posibilidad de que algún vecino entrometido hubiera acudido al apartamento de su madre pretendiendo querer "darle la bienvenida", pero movido, en realidad, por una curiosidad insaciable. Lo temía porque el martes, al regresar de una de sus pocas excursiones más allá de la sala –había salido a comprar el periódico al quiosco de la esquina–, Amparito, una vecina de su madre, lo había atrapado en el rellano de la escalera y lo había sometido a un exhaustivo interrogatorio sobre su vida en "la ciudad de los muertos". Menos mal que su madre hablaba por teléfono. "¿Con quién habrá hablado?", se preguntó André mientras cruzaba su habitación. Se detuvo en el rincón donde había arrojado su maleta hacía ocho días. Todavía no había encontrado el momento para organizar su ropa.

Ya en la cocina, mientras se preparaba un café soluble, escuchó la lista de actividades que su madre había realizado esta mañana: después de comprar las pilas y encontrarle un lugar en la pared al reloj que le había regalado, planeó sus clases, llamó al taller mecánico para preguntar si su coche estaría listo el lunes como le habían prometido, acordó un presupuesto con el dueño y se puso a hacer cuentas. El relato de su madre se le hizo eterno a André y su atención se desvió. Pensaba en cómo la costumbre, a pesar de llevar apenas una semana en esta casa, ya se había adueñado de sus hábitos. "La repetición irreflexiva de pequeñas acciones mecánicas reina en las cocinas de medio mundo", pensó. ¿Por qué se veía nuevamente atrapado en la costumbre? Recordó cómo tras la ruptura con Hélène, al mudarse al último apartamento donde vivió en "la ciudad de los muertos", se había llenado de ilusión al imaginar una nueva vida. "Una nueva vida, un nuevo apartamento, exigen nuevas costumbres", había pensado André, asiéndose al optimismo para mantenerse a flote. Pero una semana después de aquella tortuosa mudanza había caído en la rutina de siempre, con porno incluido. La nueva vida jamás comenzó. Fue una prolongación de los días con Hélène. Un hastío que sin importar la velocidad con que intentara fugarse, siempre lo alcanzaba.

Removió el café con la cuchara, la lanzó al fregadero, se sentó en una silla delante de su madre y le dio un sorbo ruidoso al café.

– ¿Qué tal van las cuentas? –preguntó irónicamente.
– Bien, ahí van –zanjó su madre.

Miró el reloj, cerró el cuaderno, se puso de pie y dijo:
– Lo único es que como el lunes tengo que ir a recoger el coche al taller voy a tener que desembolsar el costo de la reparación del "motor de arranque", según me explicaron; además, tengo que cancelar unas clases por la mañana y los lunes trabajo en una academia privada y ahí no es como en la nacional, ahí pagan por clase dada. Fuera de esos dos inconvenientes, todo bien.

André se ofreció a recoger el coche él mismo para que ella pudiera ir a dar clases. Su madre no aceptó y, recogiendo unas partituras al lado del piano, le preguntó:
– ¿Te queda algo del dinero que te di el martes?
– Sí, gracias. Sólo compré el periódico –dijo André.

Su madre se acercó a la cocina para despedirse de él y le preguntó "qué iba a hacer hoy". André, lleno de incertidumbre, miró la ventana desde su asiento. ¿Qué iba a hacer hoy? Otra vez la maldita pregunta. ¿Qué carajos iba a hacer hoy? Su madre tenía razón en preguntar, había que hacer algo, pero, ¿qué carajos? Había que vivir cada segundo hasta consumirse sesenta y así conquistar el minuto; luego concluir sesenta minutos y alcanzar la hora; veinticuatro horas y llegaría a esa inmensa montaña que era el día. ¿Cómo lograrlo? ¿Cómo acelerar la pesada rotación de las manecillas en torno a la esfera blanca? ¿Qué demonios hacer? Salir, quizás, pero, ¿adónde?, ¿a qué? "Si sobrevivo este día", pensó André, "sobreviviré a lo que sea". ¿Debía, pues, salir a "buscar el camino" o (¿por qué no?) salir, en cambio, a perderse en la penumbra de una sala de cine?

— No lo sé –respondió.

— Bueno, en el refri hay comida. En la tienda venden sándwiches ricos por si prefieres salir a airearte un poco y comer por ahí –le dijo su madre dándole un beso en la mejilla–, llego por ahí de las siete. Si vas a salir, déjame una notita para que no me preocupe. ¡Me voy, si no, no llego! Bye.

André entornó los ojos, extenuado. Se sentía irritado por el insomnio. El ruido de las llaves girando en la cerradura lo tranquilizó. Las pisadas de los tacones de su madre reverberaban en el pasillo. Lejos ya, en el rellano, se escuchaban como los golpes de las gotas al caer en un fregadero; o, ¿eran las gotas cayendo en el fregadero lo que escuchaba? Abrió los ojos. Sí, eran las gotas desaguándose del grifo. Su golpeteo se acompasaba con el de la aguja larga del reloj marcando los segundos encima de él y con los latidos de su corazón. "Todo se desagua", pensaba, "el tiempo huye con cada golpe de la manecilla, el agua se escapa del grifo en forma de gotas, ¿cómo se fuga la vida de mi cuerpo?" Se levantó para apretar la llave del agua. Miró a través de la ventana. Del apartamento de abajo subió la risa de una mujer. Luego un silencio; luego risas otra vez. Luego silencio; luego gemidos. "Qué suerte", pensó André.

Una americana rubia estaba recostada en su cama. Debajo de una faldita blanca lucía los mismos calzoncitos rosas de ayer. Una camiseta roja, bastante ajustada, cubría las tetas. "Un rayo de luz lujurioso", pensó, "le manosea el cuerpo." Los ojos de la rubia, posados en los de él, le sonreían. Se empezó a acariciar la teta izquierda y su cuerpo comenzó a agitarse. Cerró los ojos y se empezó a manosear los calzones rosas. Luego se llevó un dedo hasta la boca, lo relamió y lo comenzó a acariciarse el clítoris, por debajo del calzón. Al sentir cómo André la penetraba, estalló en un orgasmo.

André relacionó el sonido de la descarga del agua con el del avión que sobrevolaba el edificio. Miró por la ventana del cuarto de baño; no se veía nada en la porción de cielo impresa en el marco. El avión ya había desaparecido. ¿Adónde se dirigía aquel avión? Un deseo de viajar, de huir hacia otro lugar, de trasladarse a otra vida, a otro cuerpo incluso, resurgió en él. Se miró en el espejo ("¿qué voy a hacer con mi vida?"). Se frotó los ojos. Bostezó. Se dirigió a la bañera y abrió la llave del agua caliente. Abrió la llave de agua fría para compensar la temperatura. Se adentró en esa nube de vapor y agua caliente. Cerró los ojos y se volvió a preguntar: "¿Qué voy a hacer?"

3:22 a. m.

("Por fin duermo.")

5.

El plan que André elaboró fue el siguiente: como primera medida buscaría trabajo; luego alojamiento; y una vez resuelto esto, todo lo demás vendría solo. El lunes por la mañana, aprovechando que su madre había ido al taller para recoger su coche y no le preguntaría nada, descendió las escaleras del edificio con ese plan en el horizonte.

En el tramo de escaleras que separaba el tercer piso del segundo, distinguió una silueta y aunque procuró silenciar sus pasos, Amparito, la vecina del tercer piso, lo interceptó. André la saludó sin interrumpir su descenso.

– A ver si un día de éstos te pasas a tomar un cafecito y me sigues contando cómo fue tu vida en España –le dijo Amparito sujetando a su perro, que movía la cola y quería saludar a André.

– Claro que sí, señora.

Ya en la calle, la carga inicial de entusiasmo disminuyó un poco al echarle un vistazo al cielo gris. Una pareja pasó a su lado. Se detuvo un instante a mirarlos. Caminaban con los brazos entrelazados, como si quisieran desdibujar los bordes de sus cuerpos y fundirse en un cuerpo nuevo: el nosotros. "Qué raro es", pensaba André al verlos, "el salto del *yo* al *nosotros*." "Es como si el amor demoliera la construcción del *yo* y allanara el terreno para la instauración de una nueva persona: *nosotros*. Uno va por la vida construyendo una individualidad, procurando consolidar una identidad fija, irreemplazable, y de pronto se encuentra con alguien, en un bar, o en un café, por accidente, se enamora, las fronteras de la individualidad se disipan y las identidades se confunden." "De repente", continuó, "todos dejan de verte como un individuo y comienzan a preguntarte en plural: ¿cómo están? o, ¿qué hacen?; y cuando uno se separa de su pareja se encuentra perdido, obligado a volver a aquel *yo* olvidado por todos para reconstruir, poco a poco, la identidad abandonada."

Vinos y abarrotes López, Mofles Guanajuato, se pinta hojalatería. Unos niños jugaban en torno a un poste amarillo clavado en la acera donde André caminaba, sujetos de una mano, alegres, dando vueltas y vueltas y vueltas alrededor del poste amarillo: *Hoooooooootel Monarrrrrrrrca, Autocennnntrooooooo ingeniería automotrizzzzzz, Foooooooooonda ddddddddel cheffff Fraaaaaancisco, Carnicería Don Pedroooo, BBBBaaaaar El Rufián Melancólicoooo.*

Las puertas se abrieron y la multitud, encapsulada dentro del vagón, se precipitó hacia el andén del metro. Cuando la masa se disgregó, André se metió en el vagón y al oír el pitido se desplomó en un asiento duro y anaranjado. Se sentía satisfecho por haber cumplido con el propósito que se había impuesto para esa mañana. Y estaba seguro de que pronto lo llamarían para una segunda tanda de entrevistas o para ofrecerle directamente el empleo. Mientras miraba la sucesión de luces y sombras rayando la ventana detrás de los cuerpos en el vagón, repasaba los pocos errores y los buenos momentos de las tres entrevistas informales que le realizaron en las tiendas donde había entregado su currículum. Sentía que se había mostrado seguro y simpático; daba por hecho que les había gustado, especialmente en la segunda tienda, la de relojes, en la que el gerente había manifestado su satisfacción, lo había examinado con atención y, felicitando a André por sus logros profesionales, le había anunciado que pronto se pondrían en contacto con él para comunicarle su resolución. Todo había sido amabilidad, sonrisas y buenos augurios. Además, solicitaban gente: por más que no quisiera hacerse ilusiones, la verdad es que André ya se regocijaba ante el presagio de que una oferta de trabajo se plantaba en su horizonte y, a través de ese empleo, podría comenzar su *nueva vida*. "Quizá no todo esté perdido", pensó. Siguiente estación: André siguió con sus ojos a una multitud de personas que se metió en el vagón. Las gabardinas de algunos de ellos estaban llenas de gotas de lluvia. Tenían un aspecto reservado que no desaparecía cuando sujetaban la barra de acero para contrarrestar el movimiento del viaje, ni se alteraba cuando el vagón se sacudía. Provenían, dedujo André, del distrito financiero. "Esta gente", pensó, "permanece inmutable ante cualquier embate, hasta frente a las sacudidas del metro." Alzó la vista y vio un anuncio luminoso en el que un tipo de unos cuarenta años de edad, con una barba de tres días sombreándole las mejillas, se pavoneaba ante una mujer rubia, sujetando una copa de vino en una cocina amplia y luminosa. A su lado, enmarcada por una ventana y sobrepuesta en el cielo azul, se inscribía con vapor de nubes la frase: "Un mejor tú, un mejor mañana". Era un anuncio comercial de unos lofts. André se dejó seducir por la invitación del anuncio. Se entregó a fantasear un cómo sería un *mejor él, un mejor mañana*: viviría en un apartamento remodelado –un loft hermoso, ribeteado de tuberías; las entrañas de las paredes puestas al descubierto, mobiliario funcional– y, ataviado con un traje de vestir *sport*, recibiría a sus invitados con una copa de vino (o champán) en la mano, escoltado por una mujer con la dentadura perfecta, sin un solo diente podrido. Después de un tiempo de perderse en su *mejor mañana*, su *mejor él*, la cara de la mujer con la que fantaseaba se transformó en la de Hélène: André respiró hondo y sacudió la cabeza. Al otro lado de un grupo de personas, se sentaba un señor entrado en años, absorto en la lectura del *Financial Times*, con un reloj deslumbrante empotrado en su muñeca, cuyo porte atrajo la mirada de André. André se preguntaba si lograría ser como él en un futuro, si algún día lograría tener un reloj como el suyo. Ahora no, claro, no, no tenía nada, no, claro, no, pero todavía había tiempo para hacerse con un capital considerable. En cualquier caso, pocas personas amasan una fortuna antes de los cuarenta. Primero encontrar trabajo, luego rentar un apartamento, luego ahorrar y después ("¿por qué no?") atreverse con otro negocio. Un mejor él, un mejor mañana. Sobre todo, no dejarse doblegar por la vida; no; trabajar sobre sí mismo hasta alcanzar su propósito. El tren traqueteó con fuerza al costear una curva antes de proseguir su recorrido con destino a la siguiente estación. Cuando la masa (una abigarrada mezcla de jóvenes desempleados, mujeres con bebés y hombres de mirada extraviada) repobló el carro, apelotonándose en su nueva e incómoda posición, un grito sobrecogedor acaparó la atención de los pasajeros. Por entre manos adornadas con anillos de fantasía sujetando tiras de bolsos de piel falsa, uñas rojas carcomidas, ojos de bebés ofuscados, camisas de colores, antebrazos peludos, miradas cargadas de rencor, teléfonos celulares que irradiaban destellos a la hilera de caras, revistas y periódicos bamboleantes, André constató lo que ya sospechaba: un loco había entrado en el vagón.

Los pasajeros clavaban sus miradas en el loco hasta que él los volteaba a ver; entonces, ellos fingían leer un anuncio con atención exagerada, cerraban los ojos simulando una improbable siesta o conversaban con sus parejas. Todo para eludir el roce con la locura. El loco, que debía de tener la edad de André, venía rodeado de un grupo de personas invisibles a quienes les gritaba con enojo y les mostraba cariño en igual medida. Arrastraba la pierna derecha al andar entre la legión de pasajeros como si cargara en ella el peso del universo: vociferaba y se detenía cada tanto para denostar a alguien por un ataque agresivo para él, pero inexistente para todos los demás. Después su furia mermaba y desembocaba en unos susurros llenos de ternura y cariño. De tanto en tanto soltaba carcajadas y lucía una sonrisa socarrona. André se había pasmado con el loco. "¿Cómo se rompió el hilo que lo enlazaba con la realidad?", se preguntó. El enajenado se posó a su lado, extendiendo la comisura de los labios hasta bosquejar una sonrisa dócil y mimosa, ajena a la socarronería de antes. Acercó su mano a la barra de acero de donde se sujetaban los pasajeros y empezó a acariciarla, ladeando la cabeza. Al cabo de un instante sujetó la barra con las dos manos y la abrazó, meciéndose al compás del movimiento del tren. Cuando despegó su cara de la barra, volvió a aferrarla como si fuera una cabeza y le susurró palabras de afecto. Luego sacó la lengua y la empezó a besar. De pronto, al tropezar con este episodio, todo (el trabajo, su "nueva vida", en fin, todo) le pareció ridículo a André. Buscó con la mirada al señor que leía el *Financial Times*. No lo encontró y notó, decepcionado, que el hombre había desaparecido y en su lugar se había sentado un hombrecillo que parecía ir en contra del modelo de comportamiento que seguía el otro: vestía un pantalón de cuadritos y portaba una boina deslucida; en vez del *Financial Times*, manoseaba una copia del *Rey Lear*. El tren llegó a su estación. André salió del vagón, dio media vuelta y le echó un vistazo. El hombrecillo había levantado la cabeza del libro y lo miraba de vuelta. El tren comenzó a alejarse dentro del túnel. André creía distinguir una sonrisa socarrona flotando en la cara del hombrecillo, similar, por no decir que era la misma, a la del loco. Permaneció un instante en el andén, con las sonrisas del hombrecillo y del loco columpiándose en su cabeza. Al salir del metro y ver la lluvia que caía sobre la ciudad, André concluyó que lo mejor sería ir a un bar y tomarse un par de cervezas para sacudirse la impresión de encima.

6.
Encontró un bar en la esquina de la casa de su madre. Su nombre, flotando dentro de una caja transparente sobre la puerta de entrada, estaba grabado con un garabato neón: *El Rufián Melancólico*. André se sentó a una mesa arrinconada, lejos de la barra donde unos borrachos conversaban y se reían ruidosamente. Después de pedirse una cerveza oscura, se plantó a observar cómo una mesera bastante atractiva, según sus parámetros, limpiaba el mostrador y les despertaba a los borrachos (no llegaba a determinar si de manera deliberada o no), fantasías sexuales que acabarían en la apagada explosión de un orgasmo autoproducido. La observó, disimuladamente, durante unos cinco minutos. Su primera cerveza se estaba agotando. Al poco tiempo ella se le acercó y le preguntó:

– ¿Otra?
– Sí, por favor.

André se bebió las últimas gotas de la cerveza oscura que tenía sobre la mesa y fue al baño. Cuando regresó, se fijó en una fotografía medio oculta, colgada en una pared al fondo de la barra, al lado del refrigerador de donde la mesera sacaba su cerveza. El papel amarillento de la fotografía mostraba la imagen de una playa casi virgen, un mar turquesa y una montaña al fondo que se extendía hasta truncarse en el agua formando una minúscula península. Se trataba, se daba cuenta André, de *Punta Cometa*, la playa en donde él y su madre solían veranear cuando él era niño. Su amor por esta playa era tal que, cuando vivía en "la ciudad de los muertos", si el tema de las playas asomaba en una conversación, André se entusiasmaba e instaba a sus amigos a cruzar el océano Atlántico de inmediato y *correr* a esa "sucursal del paraíso" para abolir la distancia que separa al ser humano de la naturaleza. La última vez que había ido a *Punta Cometa*, recordaba, había sido el verano anterior a su partida de "la cloaca". Aquella hermosa playa, con su mar de crestas espumosas y opalescentes, encerraba los momentos más hermosos y resplandecientes que guardaba en la memoria. "La realidad, cuando sabemos que nos marchamos de un lugar por tiempo indefinido", pensó André, "adquiere la belleza que quizá siempre poseyó pero que no fuimos capaces de ver sin la sombra de la partida acechando." ¿Por qué no marcharse a *Punta Cometa*, dejar de una vez por todas "la cloaca", poner un hostal, dedicarse a comer pescado fresco y elaborar su propia forma de vida, aislado de los demás?

— Aquí tienes —dijo la mesera.

— Gracias —André vaciló—. Disculpa...

— ¿Sí?

— ¿Es *Punta Cometa*? —se precipitó a preguntar, señalando la fotografía.

— Sí... —repuso la mesera—. ¿Cómo sabías?

— Antes íbamos mucho mi familia y yo —dijo André y bajó la mirada.

— Yo soy de ahí —se escuchó decir a sí misma, como por accidente, la mesera.

El hilo de voz rasposa que se fugó de sus labios se impregnó de añoranza, y se convirtió en un sutil acento del pacífico que a pesar suyo flotó en el aire frío del bar. André sentía su cuerpo cerca, pero en señal de respeto no lo volteó a ver. Guardó silencio. Los ojos de ambos habían recorrido las crestas de las olas, la montaña que se alargaba hacia el mar, cubierta de árboles y arena blanca y, aun así, André no supo qué más decir. El instante se dilataba y ninguno de los dos comprendía, o quería descubrir, si ya no tenían más que decirse o si, en cambio, se trataba del inicio de una larga conversación.

– Elenita –gritó uno de los borrachos–. ¿Me puedes traer otro whisky?, pero no como el otro, este sí bien cargadito, como si fuera Navidad, por favor.

– Claro que sí, ahorita mismo –repuso.

Volteó a ver a André:

– ¿Algo más?

– No, gracias.

"Elenita", pensó André mientras limpiaba un charquito de agua de su mesa con la manga de su suéter y posaba su mirada en la distancia.

"Tal vez la plenitud se encuentre ahí", se dijo, "en un cuerpo."

3:22 a. m.

("La nube pétrea se desprende de la corona del volcán en volutas delirantes, se esparce y agrisa el cielo de la cloaca —¿por qué no puedo dormir?—; una vez empotrada en el cinturón de montañas que ciñen el valle, vomita sus vísceras sobre la noche vertical entre el suelo —deben de ser las tres y media, siempre la misma hora— y el cielo. Una llovizna ingrávida cae, midiendo lentamente la distancia entre la nube y el suelo. Recuerda a la nieve; a los copos; a los copos de nieve que caen —vuelta y vuelta y vuelta, calor, luego frío, ¿por qué no puedo dormir?— y se acumulan en el suelo o revisten los coches de su materia polvosa. Camino desandando lo que antes anduve. Mis pisadas crujen apagadas al enterrarse en la ceniza regada por el volcán: vuelvo al inicio de mí mismo: quiero huir. Huele a azufre. El olor a azufre me asquea. El frío del metal en mi pierna recuerda a una mancha de agua helada al sesgar con mi pierna el viento. La llovizna (o nevisca, más bien) se espesa. La calle está cubierta de ceniza volcánica. El muro de ceniza me segrega del mundo. Más allá, la noche: siempre la noche: la noche entrañada y la noche volcada hacia fuera. Yo vertí la noche sobre el espacio que me rodea. Camino desandando lo que ya anduve. De la noche a la noche, y mientras ando hacia la noche, la noche. Mi cuerpo imprime su sombra en el suelo blanco (gris, más bien). Veo la farola: pienso en cómo el metal bruñido en mi bolsillo —respira hondo y recorre tu cuerpo— brillará cuando el haz de luz amarillenta se deposite sobre él. Aquí es. Aquí es donde la noche se vuelca en la noche. Mi pelo, revestido de ceniza, barre mi frente. Pienso en Hélène –vuelta y vuelta y vuelta–, Hélène, como un pecio, flota en mi recuerdo. El corazón palpita. El corazón irriga la sangre que circula en mi cuerpo: se esparce en mi interior. No veo la sangre; jamás veré las venas que encierro; ni su dibujo enmarañado por donde mi sangre fluye y me da vida. La vida es roja: mi vida (y la de todos) son escombros de lo que no pudo ser: mi vida es una vida que no fue (vida): me decido: no ser. Tiempo muerto: ser. Rojo: las venas enredadas anudan mi vida. El corazón palpita y las empapa de su materia viscosa. Ser: sangre que fluye: ser. El acero helado se adhiere sin dificultad a mi mano –inhalo y exhalo, inhalo, detengo el aire en mis pulmones y exhalo: repito la operación: cuento: sacudo el pensamiento que me acosa: cuento: inhalo y exhalo; inhalo y exhalo– y brilla, fulgura con la luz de la farola. El sabor del metal me displace. No siento el gusto a pólvora. Miento. Desde que nací. Desde mi primer llanto. He pensado en este momento. Aquí está. Aquí estoy. El acero descansa en mi lengua. Aquí está. ¿Cómo sigo? –cuento: respiro: cuento– ¿cuento? –cuento: respiro: cuento– ¿hasta qué numero? –vuelta y vuelta y vuelta– ¿hasta mil? –cuento: respiro: respiro: respiro– ¿hasta tres como en la piñata? –en la piñata uno no ve– uno, dos y tres –suena el disparo– (silencio: la ceniza se abulta sobre su cuerpo: en él –dentro y fuera– la noche) –cuento: uno, dos, tres…–. NO PUEDO DORMIR.")

7.

—Con el tiempo uno se va habituando a uno mismo —decía Amparito, la vecina, imperturbable—. Cuando yo tenía tu edad llevaba ya catorce años de casada con Matías y no me hostigaban las preguntas, nomás vivía y vivía feliz. Eran otros tiempos. En la ciudad vivíamos como cuatro millones, cuatro y medio si mucho, las mujeres apenas empezábamos a votar. Viéndolo desde mi perspectiva de ahora te puedo decir que eran tiempos de esperanza dentro de ese siglo del desastre. Imagínate que creíamos en Fidel Castro —se rió—. Sí, sí, en Cuba, en la Revolución. Cuba era la gran esperanza de todos y Fidel, un héroe indiscutible. ¿Y qué pasó? Se encarnizó en el poder y ya no hay quien lo saque de ahí. Les echa la culpa a los gringos, pero la verdad es que ya se rezagó. Hombres como él me desalientan. ¿Cómo es posible que no vea el odio que medio mundo le profesa? ¿De verdad cree que todo es una conspiración? Para la gente de mi generación, Cuba fue la gran decepción del siglo. A ti Cuba te debe de sonar como una isla desprendida del mundo, que se quedó en los años cincuenta, con un dinosaurio fosilizado en su trono al mando del país —André sonrió—, pero cuando yo tenía tu edad, el alborozo fue inmenso, todos los de este lado —alzó su mano izquierda— creíamos en Fidel, en el Che. Eran otros tiempos. Una se casaba y prometía amor eterno, no como ahora. Los jóvenes viven precipitándose de un amor a otro. Fíjate, mis sobrinas, una se casó y luego luego se divorció. La otra ni se quiso casar. En mi época las dos hubieran causado un escándalo en mi casa: divorciada y quedada. Ellas me dicen que ahora es normal, todos lo hacen. Así son los cambios. Cuando yo era joven apenas se empezaban a mostrar las piernas, a usar las faldas más cortitas, y la gente se escandalizaba. Así son los cambios, pero cuesta admitirlos. Yo, al casarme, me comprometí para toda la vida. Eso es lo que para mí significa el matrimonio y a mi edad una ya no cambia. El día de mi boda, cuando el sacerdote me preguntó "¿Aceptas a Matías Doménech como tu legítimo esposo, amarlo y respetarlo, de hoy en adelante, en lo próspero, en lo adverso, en la riqueza, en la pobreza, en la enfermedad y en la salud, hasta que la muerte los separe?", yo me enfoqué en "amarlo y respetarlo", pero sentí que el sacerdote había enfatizado el "hasta que la muerte los separe", me acuerdo como si fuera hoy, pero no le di importancia. Ningún matrimonio recién casado piensa en el "hasta que la muerte los separe" porque a esa edad nadie cree en la muerte. Yo me casé bien jovencita, con dieciocho añitos, ¿qué iba yo a andar creyendo en la muerte? A esa edad la muerte es un rumor, algo que les pasa a los viejos. Una remarca regocijada "amarlo, respetarlo, próspero, riqueza, salud", pero no se da cuenta de que todas esas palabritas esconden su reverso, que culmina en el "hasta que la muerte los separe". A partir de cierto día, esa cola de la oración pronunciada por un sacerdote el día de tu boda te empieza a perseguir, se te acerca, te acecha. ¿Cuándo nos va a separar la muerte? A los dieciocho no, pero a partir de los sesenta la salud es un privilegio de unos pocos; legítimo esposo es una condición dada; riqueza es un sueño anulado hace mucho; y "hasta que la muerte los separe" se vuelve la verdad absoluta, lo único que resta de la oración que una escucha a los dieciocho años. Todos los demás componentes de esa oracioncita los borran los años, excepto el final. Viví bajo esa amenaza hasta que la muerte, efectivamente, nos separó. Creo que eso fue lo que el sacerdote me quiso decir al enfatizar tanto las palabras finales. "Hasta que la muerte los separe". Va a llegar un día, niña, en que la muerte te lo va a arrancar de los brazos, ¿y qué vas a hacer? Sin yo darme cuenta, fue un rito de iniciación a la vida, yo que vivía en el paraíso de la miel: un mundo rosa, infantil. El sacerdote me estaba mostrando la profundidad del sacramento, ahora lo veo bien, "hasta que la muerte los separe"... y así fue –hizo una pausa para sorber café–. Pero ahora que lo pienso, la muerte jamás nos separó. Las personas físicas sí desaparecen, pero, ¿las personas son solo cuerpo? No. Las personas son más que un cuerpo. Sus cuerpos sí, pero lo que hace que ellos sean ellos jamás desaparece. Ni el tiempo lo borra ni nada. Lo que ellos son vive aquí dentro –señaló su pecho–, aquí se nos quedan prendiditos como un árbol en la tierra. ¿Cómo decir que la muerte me lo arrebató si yo vivo con él todos los días?, es con quien hablo, en quien pienso, por quien vivo. ¿Cómo decirme que está muerto?

Le dio otro sorbo largo al café. Después preguntó:
– ¿Quieres más té, hijo?
– Bueno, sí, si no es molestia –dijo André, acariciando al perro de Amparito que se había recostado a su lado.

André examinó la sala. El apartamento de Amparito se le insinuaba como un templo de la memoria. Ella había acopiado objetos (porcelanas, fotografías, colecciones de cucharas, figuras de madera, manteles, libros y estanterías) que la habían acompañado durante su larga vida y los había apilado alrededor de su sala para rendirle culto al pasado que había vivido. En especial, para rendirle culto a la relación que había mantenido con su esposo.

– Gracias –dijo André, poniéndose de pie, cuando Amparito regresó de la cocina.

– No hay de qué, hijo, faltaba más –respondió Amparito y se dejó caer en su sillón–. Yo con gusto te preparo el tecito, no me cuesta nada –continuó–. Al revés. Mira al zalamero este, ya te quiere más que a mí, ¡qué zalamero me salió!

– Sí –dijo André sonriendo.

– ¿De qué estábamos hablando antes de que me fuera a preparar el té? Se me fue…

– De cómo las personas, aunque hayan…

– Ah, sí. Ya recuerdo –continuó Amparito–. Pues sí, se nos arraigan en el pecho y ya no hay quien los desplante. Su desaparición física nunca es su desaparición total, mijo, nunca. Una vive tantas experiencias con su marido que no se le van tan rápido. Yo, hasta el día de hoy, sigo pensando que lo que hago lo hago con Matías. Los muertos no yacen enterrados bajo tierra, no, están sepultados bajo la piel de quien los recuerda, de quien atestiguó su vida, de quien los amó. Cada persona que camina por la calle trae dentro de sí, debajo de su piel, a varios muertos. Padres, madres, hijos, hermanos y sobre todo amores. Matías no está en un cementerio sino aquí, aquí bajo mi piel, dentro de mí, vive. Hay días que me pregunto debajo de la piel de quién viviré yo cuando mi cuerpo ya no esté si ya no conozco a nadie. Debajo de la tuya –rió con socarronería–. Una se desvive tanto por su marido y luego su cuerpo se nos va. ¿Qué nos queda? Puras memorias. Pero al menos con la memoria revivimos a los muertos –tosió–. Perdón. Tragué mal. Yo ya no vivo hijo, para qué más que la verdad. Nomás espero a que me llegue la hora y se lleve mi cuerpo. Mi único pendiente en la vida es qué va a pasar con mi chucho –hizo un gesto señalando al perro y esgarró para expulsar la flema–, cuando yo ya no esté. Pero bueno, siempre nos queda la esperanza de que alguien bueno se lo quede, si no es que se me petatea antes que yo. Cuando se me murió Matías yo pensé que al día siguiente me iba a morir, y ya van cinco años de eso. Hierba mala nunca muere, dicen. Los perros le entregan su amor a cualquiera con tal de que no los maltraten y les den comida, lo único que sí me da miedo es que lo agarre algún cabrón y me le haga daño. Ahí sí no. Pero bueno, espero que no pase. A una siempre le queda a la esperanza de que no.

André la miraba con una mezcla de disgusto y compasión. Así y todo, se sentía feliz de haber ido a visitarla. Comprendía ahora que lo único que la anciana buscaba con sus persistentes asedios del pasillo, con sus constantes súplicas para que se pasara a "tomarse un cafécito un día de éstos", era que atestiguara su vida: buscaba a alguien en quien transmutarse en recuerdo y, por medio de la memoria de éste, pervivir. Se sabía muerta y perseguía, como todos, un fragmento de eternidad.

Amparito se llevó a la boca una galleta que estaba en un plato delante de ella y prosiguió:

– Mis sobrinas antes me visitaban con frecuencia. No te digo que a diario, pero sí se pasaban por aquí de vez en cuando. Ahora, ¿a qué estamos?

– A diez de mayo –repuso André.

– ¿Ya mayo?, uff, ¡cómo pasa el tiempo!, ¿verdad? Bueno, pues el caso es que hace más de, déjame ver, pues ya tiene ocho meses, fíjate, que ninguna de las dos viene. Sí, desde el verano pasado que no vienen. Romina, la mayor, se divorció hace dos años, tiene a su niño de cuatro y trabaja todo el día para pagarle la escuela que ya empezó en septiembre y para mantenerlo, además de sus gastos fijos. Vende seguros médicos y todo el día anda de arriba abajo porque no tiene sueldo fijo, trabaja por comisión, nomás. El marido, bueno, no le manda nada de dinero, ni al niño siquiera. Creo que se fue a vivir a Puebla, y nunca viene a visitar a Saulito, pero no me hagas mucho caso. A lo mejor ahora ya hasta se hayan reconciliado, ¿verdad?, vete tú a saber. A mí me da lástima el niño, se va a criar sin papá. La gente tiene hijos para luego botarlos en el mundo. Puro egoísmo. ¿Para qué tener hijos si uno no se puede hacer cargo de ellos? Nosotros por eso no quisimos hijos. Lo tuvimos claro desde el principio. En nuestra época todo el mundo tenía hijos, éramos unos rebeldes –se rió–. Nosotros no, nosotros nos casamos por amor y decidimos no tener hijos para no contaminar nuestra relación. Perros sí, toda la vida, pero no trastocan tanto la vida de uno. No te quiero desalentar, pero los hijos te cambian la vida, cambian tu relación. Nosotros observamos cómo muchas parejas, amigos nuestros, después de tener hijos, se distanciaban. Sus vidas se volvían un sacrificio en beneficio de los hijos. Yo lo respeto y es más, lo admiro, pero nosotros no queríamos eso. Lo platicamos desde el inicio. Nosotros queríamos que el esfuerzo de nuestra vida fuera hacia nosotros mismos. A veces lo lamento, para qué mentirte, pero generalmente no. Ahora que estoy más sola es cuando extraño no haber tenido hijos, pero no me arrepiento y si tuviera que vivir la vida otra vez, y conocer a Matías otra vez, haría lo mismo. Pero ni modo –suspiró, con los ojos ausentes–. ¿Quieres más té, hijo, o galletitas?

– No, señora gracias, así estoy bien –dijo André.

– Si te tienes que ir no te preocupes, no te quiero quitar más tiempo, sólo quería platicar un rato contigo porque te me hiciste un muchacho simpático y muy diferente a lo que se suele ver en este edificio.

– No señora –André rió, ruborizado–, no se preocupe, tengo la tarde libre. A eso de las nueve regresa mi mamá y voy a cenar con ella para celebrar el día de las madres, pero hasta las ocho y media no me tengo que ir, no se preocupe.

— ¡Ah sí! Hoy es día de las madres, diez de mayo ya, se me había olvidado. ¿Qué le vas a regalar a tu mami?

— Un brazalete de plata que le compré en el centro –dijo André.

— Seguro que le va a encantar.

— Bueno, eso espero.

Guardaron silencio y a André no se le ocurrió más que preguntar:

— ¿Y su otra sobrina?

— ¿Mi otra sobrina? Mi otra sobrina nunca se casó y hasta ahora, que yo sepa, no tiene hijos. Trabaja en una empresa de diseño de algo que tiene que ver con las computadoras. Ella fue la que vino a visitarme hace ocho meses. Bueno, en realidad solo vino su cuerpo porque ella se la pasó viendo la pantalla de su celular riéndose como una desquiciada. Dice que ahora eso es normal, que todos los jóvenes lo hacen. Ella me explicó que hay un archivo en su celular con fotos de sus amigos, y puede comentar si le gusta o no le gusta, pero yo no entiendo cómo. Ya yo no estoy para esos bailes. Antes sí, me importaba estar al día y esas cosas, pero ya no. Todo cambia tan rápido... Esa vez que vino Paula, mi sobrina, me preguntó si no había pensado en irme a vivir a un asilo, me dijo que hay unos modernos muy bonitos, que ya no eran como antes, y que ella se haría cargo de los gastos, eso dijo, vete tú a saber si a la hora de la hora sí hubiera pagado o no. Me lo pensé un par de semanas porque quieras que no mi cuerpo ya no es el de antes, los huesos me duelen todo el día, y bañarme y arreglarme me cuesta trabajo. A veces me caigo y me da miedo que nadie me oiga y ahí me quede. Pero al final no acepté. Lo pensé seriamente, pero lo sentí como una traición a la vida que viví aquí con Matías, como una traición a mi perro también. Al final le dije que mejor no. Desde entonces no la he vuelto a ver. No me importa tanto como mi otra sobrina porque ésta es cruel. Se parece a mi hermana Romina, en paz descanse. Se le ve el asco en los ojos cuando viene a visitarme. Se siente feo que te vea la gente con asco. Los viejos producimos asco, pero todos van a ser viejos. Mejor me quedé aquí con mi perro.

El perro, como si la hubiera escuchado se despertó, alzó las orejas y los miró. Poco después volvió a hundir el hocico entre las patas.

– Qué flojo es, de veras. ¿No tenías perros allá?

– No, no.

– Tu mami me dijo que habías vivido en España, por eso me daba curiosidad conocerte, pero no me dijo dónde –dijo Amparito.

– Sí. Viví allá. Ocho años. En Madrid.

– Matías era de allá. Bueno, de Barcelona. Planeamos ir, pero nunca se nos realizó. Él quería volver y a mí me hubiera gustado conocer, pero nunca se nos hizo. Por eso te quería conocer.

Amparito empezó a toser otra vez y su mirada parecía extraviada.

– ¿Está bien, señora? –preguntó André.

– Sí mijo. Nomás que como me mareé. Es por la tos. A veces me pasa.

– ¿Quiere que le traiga un vaso de agua o algo?

– No, no hijo. Estoy bien.

Amparito continuó tosiendo. Al poco tiempo disminuyó su ataque de tos y encendió la televisión. Le dijo que estaba bien y André tomó su actitud ausente como una señal para irse. Le agradeció el té, ella le agradeció a su vez la visita, y cuando se disponía a cerrar la ventana para que Amparito no tuviera que levantarse del sofá, ella lo detuvo:

— No hijo, no cierres la ventana, quiero escuchar cómo el viento rompe las cosas.

8.

André estaba tumbado en el sofá de la sala de su madre. Tenía entre sus manos un libro de Philip Larkin, y mientras escuchaba el viento recordaba la última frase que le había dicho Amparito, la vecina: "Quiero escuchar cómo el viento rompe las cosas". Él también, pensaba ahora entornando los ojos, quería escuchar cómo el viento rompía las cosas. Le hubiera gustado salir a la calle, ir a alguna parte. Pero había que seguir aquí, había que cenar con su madre, celebrar el diez de mayo, día de las madres. Al menos hoy no había escapatoria posible; mañana ya sería otro día. En el bolsillo de su pantalón, acrecentando la inquietud de la espera, tenía el brazalete de plata. "Ya es hora", pensó al echarle una ojeada al reloj en la pared de la cocina sin moverse del sofá, en cualquier momento aparecería su madre.

Sin embargo, su madre, estancada en el tráfico, llegaría tarde a la cena. ¡¿Cómo era posible que veinte millones de personas ocuparan un espacio con infraestructuras aptas, cuando mucho, para cinco millones?! ¡Por supuesto que nadie llega nunca a tiempo en esta ciudad!, reflexionaba su madre. Echó un vistazo a su reloj: eran las ocho cuarenta y cinco, iba a llegar tarde. Buscó su celular dentro de su bolsa y escribió: "Estoy en el tráfico, llego veinte tarde, te adoro".

¿Cuándo se había sobrepoblado esta ciudad? De niña, recordaba ahora, circulaba en bicicleta por las calles. ¿A qué niño de esta ciudad infinita, donde los pájaros caen muertos por el simple hecho de respirar el aire contaminado, ¿se le permitiría transitarla en bicicleta solito ahora?

Desplazó su mirada por la alineación de coches delante de ella y empezó a repasar mentalmente el acompañamiento de la sección A del *Nocturno n.º 13 Óp. 48* de Frédéric Chopin. Se lo había corregido infatigable-mente a Regina, la alumna de la clase de interpretación que impartía los jueves de siete a ocho en la Escuela Nacional de Música, pero algo en su forma de tocarlo, no sabía qué, no la convencía del todo. No se trataba de cuestiones técnicas. Lo tocaba bien; pero algo en cómo lo abordaba, algo en la intensidad fallaba. Para despejar su mente, encendió la radio. Emitían el *Winterreise* de Schubert.

¿Hacía cuánto no tocaba el *Winterreise*? Desde sus días en el conservatorio, calculó. Le volvió a venir la idea de que sería bonito cerrar su carrera con este ciclo y dedicárselo a André. Sería ideal poder emprender este último proyecto en septiembre u octubre, hablar con alguno de sus amigos barítonos en Estados Unidos, mover los hilos de sus contactos en el Consejo para las Artes, conseguir dinero y levantar un último concierto para terminar su carrera. Algo pequeño e íntimo. Mejor Schubert que ceder a la vanidad del tercero de Rajmáninov; un concierto que arroje luz sobre la música y no sobre el intérprete. Nada demasiado grande, una, si mucho dos representaciones. Una despedida para cerrar el círculo.

El hilo de sus pensamientos la condujo hasta André: ¿a qué aspiraba André? ¿Acaso quería pasarse el resto de sus días tirado en un sofá o tumbado en su cama? Había ido un día —¡un día!— a entregar su currículum a un par de tiendas hacía diez días —¡un día!—, y seguía, lleno de ilusión, esperando una respuesta. No, no era posible replegarse en sí mismo, aislarse del mundo. No. Y menos en esta ciudad. Esta ciudad era notoria por aplastar a los débiles; antes no, cuando era niña y la transitaba en bicicleta no, pero ahora eran veinte millones en una ciudad con oportunidades para cinco. Había que precipitarse sobre el mundo y aprender a batallar. Era una realidad, la sociedad se había vuelto empresarial. ¿Y qué hacer con la realidad? ¡Había que adaptarse! ¡Había que vivir! Y si la realidad había transformado cada rincón de sí misma en un mercado, ¡había que aprender a venderse!, o morirse de hambre tirado en un sofá. Le preocupaba la situación en que estaba hundido su hijo: ¿y si ella se enfermaba, y si ella se moría, qué iba a hacer? Las cosas se le presentaban llenas de extrañeza: después de haberse desprendido de su hijo por tanto tiempo, de verlo irse, recordaba, colmado de nervios, pero también de esperanzas, como un adulto en ciernes para labrarse un destino en Europa, había vuelto transformado en un fantasma de quien había partido.

"Todo pasa por algo", se dijo. Y recordó que una oportunidad como la de esta mañana no se presentaba todos los días. "Como da vueltas la vida", pensó; "Federico, aquel debilucho, aparece ahora como la única persona que puede salvar a mi hijo."

Quizá la ineficacia de las madres para resolver los problemas que acaecen sobre sus hijos resida en su ansiedad por protegerlos de todo mal imaginable –en abstracto– sin detenerse a examinar la naturaleza del mal específico que los aqueja. El impulso irracional de resguardar a sus hijos del peligro despierta en ellas un lado animal que poco tiene que hacer frente a los problemas del mundo contemporáneo. Por ejemplo: el aislamiento de André. Por más que su madre anhelara que Federico le ofreciera un empleo y lo arrancara de su estado actual, no había llegado a preguntarse si realmente agenciarse un empleo en una empresa de tarjetas de felicitación lo reanimaría.

En su desesperación se cegaba y, sin darse cuenta, perdía su facultad para comprender que el aislamiento de su hijo no dependía de un trabajo, sino que había hundido sus raíces en su relación con el mundo. Entre la programación natural y primitiva del ser humano y las complejidades del mundo moderno se erige un muro infranqueable. Aun así, muchas madres lo intentan abolir forzando un bienestar imposible en sus hijos, metiéndoselo en el cuerpo (aunque no quepa) a base de esperanzas infundadas y palabras optimistas. Sobre todo si es *su día,* el diez de mayo, el día de las madres.

9.

Los ladridos de un perro resonaban entre las paredes del patio interior. Cada vez que su madre pinchaba un trozo de pechuga de pollo con el tenedor, producía un ruido que irritaba a André. Después de censurarla con la mirada, volteaba hacia la noche enmarcada en la ventana de la sala en busca de tranquilidad. Desde el comienzo de la cena, un gesto torcido que se trazaba en la boca de su madre cuando masticaba le había puesto los nervios de punta. Y ahora el maldito tenedor rasguñando el plato. Su madre notaba la irritación que le producía y para desarmarla sonreía, empeorando con sus buenas intenciones el ambiente de por sí tenso de la cena del día de las madres.

Después de lo que pareció una eternidad se resolvió a continuar la plática donde la habían dejado:

– Qué bueno que sí la hayas ido a ver. A esa edad y tan solita la visita de un muchacho amable y guapo te debe alegrar el día.

– Sí.

– Oye –continuó su madre–, pero, ¿cómo es eso que me contabas de que se había enfermado?

– Bueno –respondió André de mala gana–, no es que se haya enfermado como tal. Había tenido un acceso de tos y después de mucho hablar se quedó callada, comenzó a respirar de forma extraña y me preocupó. Eso fue todo. No se enfermó. Nunca usé esa palabra. Nunca dije que se había enfermado. Luego, antes de que llegaras, bajé de nuevo para asegurarme de que estaba bien. No me abrió la puerta, pero me gritó que estaba bien. Está bien. Eso fue todo. No se enfermó. Yo nunca dije eso.

Con expresión torturada, tomó su copa de vino y le dio un trago. Su madre volvió a tomar la palabra:

— Cuando subí las escaleras escuché que tenía la tele a todo volumen y el perro ladre que ladre –rió.

— ¿De qué te ríes?

— De nada. Ya ves que como siempre escucha la tele bien alta...

André cedió:

— Estuvo rico el pollo. Gracias por pasar a comprarlo después de tu clase. Yo lavo los platos hoy. No te preocupes.

— No hay de qué, hombre. Faltaba más... había que celebrar... hacía mucho que no pasábamos un día como éste juntos.

— Sí. Un montón de tiempo –añadió André, sujetando un trozo de pan.

— Ah, se me olvidó contarte –fingió recordar de improviso–, ¿a que no sabes a quién me encontré hoy?

André detestaba este juego de adivinanzas característico de su madre, pero simuló curiosidad:

— ¿A quién?

— Adivina.

— No sé. ¿A quién?

— Adivina.

— No sé.

— ¡Adivina!

— ¡Que no sé, carajo!

— A Federico –sonrió su madre con el gesto torcido.

— ¿Quién es Federico? –preguntó André

Su madre, harta de la acritud que mostraba André, exclamó:

— Ay, André, de verdad no hay quien te aguante. No se puede hablar contigo, de verdad.

Se levantó de la mesa y salió enfurecida hacia la cocina para servirse un vaso de agua. Al llegar, masculló una queja ininteligible.

André le dio un trago al vino. La luz cruda del foco se desparramaba sobre el mantel blanco de la mesa, moteado ahora de gotas de vino y migajas de pan. En los platos había huesos de pollo y láminas de lechuga. André se debatía entre llevar los platos a la cocina para intentar reconciliarse con su madre o esperar en la mesa. La observó desde su asiento a través del espejo encima el aparador: el agua se había acabado y ella se afanaba en reemplazar el garrafón.

Se reacomodó en su asiento y carraspeó, anticipando su intervención:

— ¿Necesitas ayuda?

— No, gracias –respondió su madre con sequedad.

André se alegró al advertir que el enfado remitía. Apuró el resto del vino en su copa y se sirvió más. Una agradable embriaguez lo empezaba a amodorrar y deseaba prolongarla. Su madre ya había reemplazado el garrafón y se servía ahora un vaso de agua. La luz de la cocina, semejante a la de los hospitales, bañaba el flanco izquierdo de su madre y le daba un aspecto lejano y apacible. Ahora André podría llevar los platos a la cocina y así demostrar su interés en contribuir con las labores de casa. Pero, si llevaba los platos ahora sería una mutilación de la cena de día de las madres: todavía no le daba el regalo a su madre. Había que esperar. Suspiró. Limpió las migajas de pan que rodeaban su plato.

Por supuesto que sabía quién era Federico. ¿Cómo iba a olvidar a Federico "el lengüitas", a Federico el "hormiguita"? En "la ciudad de los muertos" le había llegado la noticia de que había abierto un negocio y le iba bien. Si mal no recordaba, se había casado y tenía dos hijos. Recordaba ahora que Federico no lo había invitado a su boda. "Por la distancia", pensó. Lo cierto era que aunque se estimaban, no eran mejores amigos. Entre ellos se había interpuesto una espinita de discordia (encubierta de amabilidad, ciertamente, pero discordia al fin). Una afectuosa amistad, suscitada por la multiplicidad de similitudes en las circunstancias de sus vidas, los había relacionado en su adolescencia, hasta que la rivalidad de la edad adulta los había desligado casi del todo. De cualquier modo se apreciaban. Representaban el uno para el otro, el testimonio de la infancia compartida, y la diversión propia de esa etapa de descubrimiento del mundo y del cuerpo que fue su adolescencia. André apreciaba ese papel de testigo de su pasado que Federico desempeñaba en la trama de su vida. "Tal vez debería llamarlo", pensó. Pero si hablaba con él sería una desfachatez no llamar a Ramírez o a Josué y si lo hacía tendría que *revelar* su llegada a "la cloaca". Quería eludir los reencuentros, las fiestas, las borracheras, las cenas. A fin de cuentas, quería preservar su soledad. André sentía que había cambiado y la obligación de reacomodar su personalidad para satisfacer las expectativas de sus amigos lo incomodaba. El André de ahora no era el André que jugaba futbol con Federico, el que fumaba porros a escondidas con Federico, ni el que se ocultó detrás del edificio arcilloso de la escuela secundaria para besar, exaltado por la transgresión, a Margarita, la novia de Federico (fue la primera vez que palpó con su mano una vagina húmeda). ¿Para qué desenterrar una amistad sepultada tantos años atrás? ¿Para qué reconocer en los ojos de los otros que no somos ni una sombra de lo que fuimos? André se limpió la boca con una servilleta y extrajo de su bolsillo el brazalete de plata y la tarjeta de felicitación. Se incorporó y los colocó, sin que su madre se diera cuenta, sobre la mesa.

Cuando notó que su madre volvía de la cocina se apresuró a preguntar:

– ¿Fue a Federico "el hormiguita" a quien viste?

– ¡Pues claro! ¿A qué otro Federico conoces? Ya me extrañaba que no supieras de quién te estaba hablando. Si iban al fut todos los martes y los jueves, André. ¿Y esto? –dijo su madre al llegar a su asiento y toparse con su regalo en la mesa.

– Es un regalo.

– ¿Para mí?

– Claro, para quién más…

– No hacía falta, de veras, ¡mil gracias!

Todavía de pie leyó la dedicatoria que le escribió André.

– Bueno, es un detallito, nada más –dijo André.

– Sí, está precioso, muchas gracias.

Su madre se acercó a abrazar a su hijo y luego regresó a su asiento y se puso el brazalete.

– Mira, me queda perfecto –alzó su brazo para mostrarle a André, que a su vez asintió con la cabeza.

– Pues sí –su madre retomó la conversación–, me lo encontré justo afuera de la escuela. Lo vi muy bien. Te mandó muchos saludos. Deberías llamarlo, se alegró mucho al oír de ti.

– ¿Qué le dijiste de mí? –preguntó André.

– No mucho, si apenas hablamos. Me preguntó por ti y le conté que habías regresado. Eso fue todo porque yo me tenía que meter a dar clases. ¿Quieres postre o un digestivo o algo?

– No, gracias, estoy bien así.

Su madre continuó hablando de Federico. Luego sacó el tema de su empresa y de lo bien que le iban las cosas. Al poco tiempo André, molesto, la interrumpió:

– No te preocupes. No tienes que insistir más. Mañana le hablo.

Se terminó la copa de vino y se encaminó al baño.

Cuando regresó a la sala sonaron cuatro golpes en la puerta del apartamento. André y su madre intercambiaron una mirada de sorpresa. Sospechando que se podría tratar de la vecina, o incluso de Federico, si su madre le había dado su dirección, André le hizo señas a su madre para que dijera que no estaba y se apresuró a esconderse en su habitación. Su madre se acercó a la puerta. Según se asomó por la mirilla sintió que su cuerpo se desfondaba y su respiración se cortó de golpe: de pie, con un ramo de flores en la mano derecha, ataviado con una chamarra de cuero negro, moteado de gotas de lluvia y cabellos engominados, aguardaba David, el dueño del taller mecánico al que había ido hacía un par de semanas, a que le abrieran la puerta. Una ola de calor inundó a la madre de André. Ella oscilaba entre el temor de ser descubierta por David tras la puerta y la vergüenza de tener que explicarle a André que afuera había un mecánico que la pretendía con flores y gel en el pelo. Permaneció frente a la puerta, pálida. André, conjeturando que no era una visita para él, entornó la puerta de su habitación y sacó la cabeza. Su madre le hizo un gesto para que no se moviera. Las manos le sudaban. Sentía la vena en el cuello palpitando. David tocó la puerta de nuevo. Nada. Esperó. Otra vez. Nada. Esperó. Última vez. Nada. Depositó las flores en el suelo. Las recostó con modosidad contra la puerta. Las arregló. Encima de ellas colocó un sobre en el que se leía: "Para la señora Urrutia: ¡Felis Dia de las Madres!". David se incorporó. Creyó oír algo detrás de la puerta. Acercó el oído. La madre de André aspiró con lentitud. Guardó el aire en sus pulmones y dejó de respirar. David aguzó el oído. Nada. Sus pasos comenzaron a rebotar en las paredes del pasillo. La madre de André volvió a respirar. Su cuerpo se relajaba. Cuando se aseguró de que el dueño del taller había salido del edificio, abrió la puerta en sigilo y agarró las flores y la tarjeta. ¿De dónde había sacado ese "loco" su dirección? ¿Qué le iba a inventar a André? André permanecía con medio cuerpo dentro de su habitación, completamente confundido. Al ver a su madre acercándose a la mesa con un ramo de rosas, primero pensó que se trataba de una equivocación, pero al advertir que eran para ella, se abrumó. Su madre le explicó atropelladamente quién había traído las flores, eludiendo en todo momento su mirada, pasando de la sala a la cocina sin saber qué hacer ni con las flores ni con su cuerpo, y enfatizó su "absoluto desconcierto". André, simulando naturalidad, recogió la mesa. "Mañana lavo los platos, mejor." La felicitó de nuevo por el día de las madres y, aludiendo a un repentino cansancio, le dio las buenas noches. Se metió en su habitación perturbado, con la desagradable sensación de haber descubierto que su madre todavía les despertaba el apetito sexual a algunos hombres. Ya en su cama, André no lograba normalizar la situación y se dijo a sí mismo: "Mañana sin falta llamo a Federico".

Horas después, tendida en su cama, su madre releía indignada la tarjeta que le había escrito David. Entre el pantano de errores de ortografía que la inundaba, distinguía una invitación para tomarse un café el domingo. Se despojó de sus lentes de lectura, depositó la tarjeta en su mesita de noche y apagó la luz. Recordó una frase del *lied* que había escuchado esa tarde en el coche "Ya he terminado con todos los sueños, ¿para qué permanecer entre durmientes?" Y volvió a pensar que sería hermoso cerrar su carrera con el *Winterreise*.

Afuera ya sólo se oían los ladridos de un perro.

3.22 a. m.

("Tres veintidós a. m. Siempre la misma hora. Siempre es la misma hora en el seno de la noche. Tres veintidós a. m. La noche desconoce el tiempo, sólo conoce mi cuerpo. Este cuerpo que es suyo. Anhelo ahuyentar la noche, pero me domina. ¿Dónde están esos sueños que perseguías, André? Volviste para buscar la sombra de lo que fuiste y ahora la eludes. ¿Por qué no llamas ya a Federico? Volviste para encontrar el vacío que tu sombra dejó en su paso por las paredes de esta cloaca que te engendró. Volviste para buscarte, pero sabes que tú ya no eres tú, jamás serás tú otra vez: ya fuiste. ¿Para qué volviste, André? Volviste para desear irte otra vez. Todo regreso no es más que un nuevo deseo de partir. Volviste para ver cómo gira el planeta. Mañana el alba. Tu vida: la rotación de la tierra; esperanzas, la cárcel de la rutina. Volviste para ver cómo tu madre envejece y en su vejez retorna a su adolescencia. Volviste para recolectar los fragmentos de ti mismo que desperdigaste por las calles de esta ciudad. ¿Dónde quedó la casa que unifica tu pasado con tu presente? Volviste para ver a tu madre enamorarse. Volviste para perderte en sus ojos azules. Volviste para conocer la tristeza que arrastran Amparo y su perrito. Volviste para alejarte del recuerdo de Hélène, pero descubriste hoy que su recuerdo vive en ti. No, André, no te puedes desprender de mí en esta noche negra, te dice. Yo habito tu noche. Yo soy tu noche. Das vueltas y vueltas y vueltas para ahuyentarla, pero no lo consigues. No te puedes desprender de mí en esta noche negra, te dice. Yo habito tu noche, te susurra. Hélène, piensas. Abre la ventana, André, mira cómo los visillos trepidan acogiendo el viento, abre la ventana, André, la noche no se va a ir. La noche eres tú, André, la noche es Hélène. Abro la ventana, el viento fricciona contra el sudor de mi frente. El vaho relame mi cuello. El olor que escala de la calle está preñado de memorias confusas que me anegan. Inhalo todo el aire que puedo, me lo guardo en los pulmones y cuento hasta diez. Tengo todas las memorias del mundo dentro de mí. Cuento hasta veinte, exhalo. Arranco las memorias del mundo de mí. No sé para qué volví. Abro los ojos. Una farola riega su luz amarillenta sobre la calle y salpica las hojas del árbol. En la ventana entreveo el reflejo de mí mismo. ¿Cuándo fue que mi vida toda se fue a la mierda? Me habita el deseo de empacar mis cosas y fugarme lejos, lejos del seno de esta noche negra, pero la noche soy yo. ¿Cómo fugarme de mí mismo? Respiro hondo y reposo mi cabeza sobre la almohada. Le entrego mi cuerpo a la noche. Aquí vivo, en el seno de la noche. Sí, yo soy la noche.")

10.

André le pagó al taxista los setenta y cinco pesos y cincuenta centavos que marcaba el taxímetro. Le dejó una abundante propina y luego, abriéndose paso entre la multitud de borrachos que subían y bajaban la acera, entró en *El Rufián Melancólico*.

El bar estaba repleto. Aun así, André encontró una mesa en un rincón. Elenita no lo había visto entrar, de manera que él la podía observar sin ser observado y, cuando vio que ella conversaba con un tipo barbudo y a todas luces adinerado, lo atacaron los celos. Para no llamar la atención, sacó su celular. Le escribió a su madre: "La cena va muy bien, seguimos en plena plática. Tenías razón, teníamos mucho de qué hablar. Federico me invitó a quedarme a dormir en su casa para no tener que agarrar un taxi a estas horas. No te preocupes si no llego. Un beso. André".

Poco después le pidió a otra mesera un mezcal y una cerveza oscura y notó que su celular vibraba: "¡Muy bien! Me alegra que la noche esté siendo provechosa. Sabía que ustedes dos se entenderían de las mil maravillas, mándale un beso de mi parte y pregúntale cuándo quiere venir a cenar, yo les cocino. El olor en el edificio sigue insoportable. Pedro, el de la administración, ya está investigando a ver qué pasó. Un beso, te adoro, mamá". Como su celular se estaba quedando sin batería, André lo apagó.

Sentía cómo la culpa se apoderaba de él. Sí, le había mentido a su madre; pero era verdad que la cena había transcurrido bien. En lo que a ella le concernía había transcurrido "muy bien". En parte, era ese mismo "triunfo" lo que lo inducía a rehuir a su madre. Para ella, el hecho de que él obtuviera un puesto de trabajo en la empresa de Federico, representaba un éxito propio y se precipitaría a celebrarlo. Para él, sin embargo, constituía una humillación, una resignación a la "fuerza del estado actual de las cosas". En caso de alcanzar el puesto de trabajo, lo aceptaría, claro, pero celebrarlo, jamás. Festejarlo significaría conmemorar su propia ineptitud para erigir una "nueva vida" de forma independiente. Aunque Federico todavía no le había ofrecido nada formalmente, el tema ya flotaba en el aire. Incluso había mostrado cierto interés en que André pasara un período de pruebas en su empresa. Había deslizado que últimamente estaba buscando a un "candidato multilingüe" (siempre había sido un inepto para los idiomas y André, en cambio, además del español, dominaba el inglés y el francés), un postulante "ambicioso" y "de confianza" a quien pudiera relegarle "responsabilidades importantes", alguien que "creyera en el proyecto", un integrante "innovador y creativo" que "se apasionara con el producto", y que "quisiera transmitir su pasión por el mundo de las tarjetas de felicitación". ¿Y quién carajos, se preguntó André en el bar, sentía "pasión por el mundo de las tarjetas de felicitación"?

Como lo conocía bien, André sospechaba que Federico no necesitaba a nadie más dentro de su empresa. O más bien, no había necesitado a nadie "multilingüe" y "de confianza" hasta que él apareció en su casa. Federico siempre había mantenido una relación mercantil con su entorno. Se servía de lo que la realidad le dispensaba sin escrúpulos. Había sido así cómo, según le explicó, fundó su empresa. Mientras estudiaba la carrera de publicidad,

Federico realizó sus prácticas en una agencia publicitaria con la ambición de integrarse posteriormente al equipo de trabajo. Las cosas no resultaron como las había previsto y al finalizar el período de prácticas le "dieron las gracias". Un día, horas antes de la despedida de soltero de un amigo suyo, mientras buscaba por "toda la ciudad" una tarjeta "cachonda" para felicitarlo por su inminente boda y guardar un recuerdo del prostíbulo al que iban a asistir aquella noche, tuvo una revelación: descubrió que había una "fuerte" necesidad que satisfacer entre la gente de su edad: vio una demanda que no tenía oferta. En los días siguientes imprimió unas tarjetas de presentación, compró un dominio personalizado, localizó a diseñadores que elaboraran "ideas creativas" ("las ideas son el dinero del siglo XXI, Andresín") y estableció su pequeña ("empecé yo solo y ya somos siete") empresa de tarjetas de felicitación dirigida, principalmente, a prometidos de "clase media y alta" que quisieran guardar un recuerdo "chistoso y cachondo" de su última noche solteros. Hoy, habiendo superado todas las expectativas iniciales, la empresa abarcaba todo tipo de celebraciones y recién-temente había entrado a "competir" en el mercado web. "Hay que aprovechar el internet, André, es la llave del XXI, pero no cerrarse a esta plataforma, hay que seguir ofreciendo un producto *artesanal*, mantener el compromiso con el cliente demostrándole que lo comprendes, ampliar los canales de comunicación para escuchar su voz."

Como le había comentado a André, en estos meses, gracias al "éxito" que había tenido la empresa, Federico carecía del tiempo necesario para efectuar la "expansión" que tenía proyectada. Le faltaban horas para relacionarse con los clientes indicados que podrían impulsar a la empresa al "siguiente nivel". Ambicionaba, sobre todo, lanzarse de lleno al "mercado internacional", cuyo atractivo había palpado ya desde su integración al "mundo web". Y para todo esto, necesitaba a alguien que redactara buenas tarjetas en inglés y francés para el mercado norteamericano, anglocanadiense y quebequense. También le insinuó que ese "alguien" se tendría que ocupar de la supervisión de la oficina durante sus múltiples "viajes de negocios".

Para hablar más en detalle, Federico había citado a André el lunes, a primera hora, en su oficina.

"La vida, en la mayoría de sus vertientes", pensó André, "es una mierda". Para conferirle algún propósito, se resolvió a hablar con Elenita. Se acercó a ella y le pidió una cerveza oscura. Ella, al verlo, le sonrió y prometió que dentro de poco le dedicaría "a pesar de la locura del bar esta noche", unos cuantos minutos de plática. Y, al cabo de unos minutos, cumplió su promesa. Hablaron, entre interrupciones, durante casi dos horas. Hablaron de todo. Incluso decidieron, entre bromas, que pasarían su vejez juntos en *Punta Cometa*. André la esperó hasta que terminó de trabajar y después se ofreció a acompañarla a su casa.

A la mañana siguiente, André tomó un camión en las proximidades de la casa de Elenita que lo dejó en la esquina de la casa de su madre. Cuando subió las escaleras de su edificio, sumido en sus pensamientos –repasaba la noche junto a Elenita, arrobado por su destreza sexual, la tersura de su pubis y el gusto acedado de su vagina–, no se percató de que el hedor nauseabundo que se había adueñado del interior del edificio desde ayer había desaparecido. Según abrió la puerta del apartamento de su madre, se encontró con que ella –que escuchaba enajenada una canción de *The Police*– estaba maquillándose frente al espejo encima del aparador en la sala. Al verlo, primero se levantó exaltada, luego se acercó a saludarlo cubriéndolo con una nube de perfume y le preguntó cómo le había ido:

– Bien, gracias.

– Bendito Dios –respondió su madre evitando su mirada–. Cuéntame todo, sabía que por algo me lo había encontrado el jueves.

André permaneció de pie mientras le relataba cómo había ido la cena. Se inventó un desayuno ameno y le informó a su madre que Federico lo había citado para mañana por la mañana en su oficina. Su madre lo felicitó. Cuando André se dirigía hacia su habitación, ella le preguntó si no había recibido sus mensajes de esta mañana.

– No, me quedé sin batería anoche –dijo André.

– ¿No viste a la gente en el piso de abajo?

– No. ¿A qué gente?

– Los bomberos y la policía. ¿No los viste?

– No.

– Ah, ya se deben de haber ido –vaciló su madre–. Hoy por la mañana vinieron los bomberos y la policía para investigar de dónde venía el olor, los llamó Pedro porque la peste se había vuelto ya insoportable, mucho peor que ayer, imagínate. Inspeccionaron varios departamentos, pero, al ver que del departamento del tercer piso no salía nadie, tumbaron la puerta y, ¿qué crees?, se encontraron a la señora Amparito muerta delante de la televisión. Al parecer llevaba dos o más días muerta y su cuerpo estaba en fase de descomposición, ¿tú crees?, por eso el olor era ya inaguantable. El perrito sí sobrevivió, de milagro, pero creo que estaba medio desnutrido, el pobre. Bien feo, fíjate.

– Vaya –balbuceó André. La respiración se le había cortado. Se sentía culpable por no haber vuelto a visitar a

Amparito el viernes por la mañana para verificar si estaba bien.

— Vaya —repitió—. ¿Y adónde se llevaron al perro?

— Creo que lo iban a llevar a la perrera municipal, pero no sé bien.

— ¿Crees que lo pueda reclamar? —preguntó André.

— Sí, claro, bueno, yo creo que sí, yo creo que con tal de deshacerse de ellos se lo dan a cualquiera.

— ¿Y contigo no hay problema si lo traigo a la casa mientras encuentro departamento?

— ¡No, qué va, claro que no! Faltaba más, mientras tú lo saques a pasear y le des de comer, por mí no hay problema.

— Vaya —suspiró André.

— ¿Qué? —preguntó su madre.

— La vida es una mierda.

Su madre, apenas dibujando un amago de sonrisa en su cara, le respondió:

— A ratos sí. Espérate, ten, por si hay que darles mordida.

— Bueno, gracias —dijo André cruzando la sala—. Al rato regreso, voy a ver si hay suerte. Espero que te vaya bien en tu cita, me alegra verte tan feliz.

Y así fue como ese domingo de mayo adopté a Matías, mi primer perro.

TODO LO QUE LA NOCHE DIBUJA

Madrugada

Los ladridos de los perros resquebrajan mi sueño (siempre atribulado y siempre tortuoso) en el que André, todavía bebé, es dilacerado (en un callejón empedrado) por una jauría de hocicos espumosos y yo (atada por una soga correosa; empapada de una sustancia viscosa) no puedo moverme; forcejeo y grito y forcejeo y grito y forcejeo y al cabo de un instante veo cómo los perros (creo que son: doberman o pitbull; no sé), después de destripar a mi hijo y dejarlo tendido en el suelo (sin vida, creo), muerden su baberito azul (es blanco, pero tiene bordado un osito azul: desprende un olor a leche; mi sueño, ahora que lo pienso, huele a leche) y prorrumpen en unos gruñidos que terminan despertándome. Me doy cuenta: la oscuridad de mi cuarto lo ocupa todo y las siluetas de los perros y los contornos del callejón se disuelven en la negrura (vuelvo a escuchar los ladridos, pero ahora fuera de mí, en el patio de mi vecina: creo); abro los ojos (legañosos) sublevada; mi cuerpo trasudado; el corazón golpetea en mi pecho con azotes sordos; la distancia de nueve mil kilómetros que me separa de mi hijo me angustia: descarga una exhalación malograda en mi garganta. Dentro de un momento (espero) respiraré: todavía no: pronto: respiro, finalmente. Ahora respiro, finalmente. Mi mano derecha (tiritando, pero respiro, finalmente respiro) sortea los objetos regados en mi mesita de noche (lentes de lectura, tres revistas, una biografía de Clara Schumann, lápiz para subrayar oraciones sustanciales, caja de kleenex, vaso de agua, lámpara de lectura), pesca el teléfono celular que al pulsar un botón riega su resplandor azulado en la pared: las cinco y ocho de la mañana: no hay llamadas de André. Me pregunto: ¿por qué siempre que tengo pesadillas, siempre, auguro lo peor? Todo va a estar bien. André tenía hoy la cita con el banco (todo va a estar bien). No debo temerles a mis sueños (no debo sucumbir al miedo). Todo va a estar bien (todo va a estar bien). André ha de estar bien. Cierro los ojos.

La soga que me ataba (en mi sueño) estaba hecha de un material esponjoso, era (me doy cuenta ahora), un cordón umbilical que emergía de mi vagina, se enredaba en mi cuerpo, trepaba como una hiedra por mi cuerpo desnudo, ataba mis brazos, olvidaba en mi piel (bañada de la luz amarillenta de la farola en la esquina del callejón) su sustancia pegajosa (chorros y chorros de sangre) y me inmovilizaba por completo. Ahora respiro, finalmente; y pienso: todos los cambios pasan por algo: yo cambio: André cambia: la casa cambia: mi país, dentro de unos días, cambiará. Y pienso: yo cambio; André cambia; la casa cambia; mi país cambia. André ya no es un bebé (me digo). André ya es un adulto (insisto): ya tiene veintiséis años: en enero cumplió veintiséis años: ya tiene veintiséis y medio. *Cómo avanza el tiempo vaciando mis días. Cómo pasan los días destruyendo y construyendo las cosas.* Todo cambia a mi alrededor. Todo se mueve (como la tierra). Todo se mueve y gira y gira y aun así parece tan estático... (Respiro, finalmente.) *Cómo avanza el tiempo vaciando mis días. Cómo pasan los días destruyendo y construyendo las cosas.* Y recuerdo: la casa quieta se acerca al umbral del precipicio. Y de afuera, ahí están: los ladridos de los perros en el patio de mi vecina: (escalan las paredes, llueven en el aire como si nacieran del viento). Marcan el mismo compás (ahora que lo pienso) que los pasos de papá por el pasillo embaldosado, los pasos acompasados que daba a media noche para allegarse a la sala (imantado por una fuerza inquebrantable: así años y años), recuerdo cómo abría la puerta del aparador (el que todavía está allí: coronado con un espejo), el crujido de los goznes, el sigiloso tintineo del gollete de la botella chocando contra el borde del vaso que siempre olvidaba a su lado (con el poso ambarino en el fondo; el vaso de vidrio tallado, de base inusitadamente pesada, que sigue allí, intacto, como si todavía, a fuerza de costumbre, aguardara a papá), el gorgoteo del whisky desplomándose en el fondo, la ausencia de hielo (papá, ahora lo sé, temía que el repiqueteo de los hielos delatara sus travesías nocturnas), las iridiscencias ambarinas del whisky refractando la luz de la lámpara de tulipa verde (ya no está ahí) que tanto atraía su mirada, y el suspiro de alivio o tortura (nunca supe cuánto había de tortura y cuánto de placer en sus saltos al alcohol) que salía de su boca al albergar el whisky, la bebida que paliaba el dolor (supongo), la bebida que eclipsaba la desgracia (supongo, no lo sé a ciencia cierta; repito: no sé cuánto placer o sufrimiento entrañaban sus buceos dentro del alcohol) que lo había hundido, cuya aparición lo acechaba siempre a media noche. Tócame una bonita, hija, tócame algo de Bach, él vuela más alto, hija. Papá retrepado en el sofá aterciopelado, sumido en las coloraciones deslavadas de los días de antaño: Bach te quiere, chaparra, a Bach le caes bien. Papá vivió así durante años (casi quince), encastillado dentro de la sala de paredes rojizas (como toda la casa), esperando que la muerte silenciara los gritos que traía en los huesos. Ya solo me queda tiempo para escuchar música, ya no me importa lo demás, hija. Papá siempre masticando mentas (así solapaba el perfume del whisky); así años y años.

Cuando los perros de la vecina se callan el silencio tupe la casa y en mi memoria aflora la música que me enlazaba a mi padre: papá sumido en el silencio, embelesado escuchándome tocar un preludio de Bach: a papá le gustaba mi fraseo (que no era mío, era una emulación del de Glenn Gould). Es cierto que a Bach le caigo bien (ahora; antes no tanto), pero yo creo que a Schubert le caigo mejor, y a Schumann le caigo todavía mejor. A Schumann lo entiendo. Ahora que lo pienso, creo que Schumann (sí, un ser muerto) es a quien mejor he entendido en este mundo. A Schumann lo comprendo.

Harta de deambular por el laberinto de mis pensamientos abro los ojos (dormir, a estas horas y con lo que se avecina, no es una opción). En mi boca se siembra un bostezo que alumbro en la penumbra del cuarto. El albor todavía no les ha dado su forma definitiva a las cosas. Sólo las cosas blancas resaltan en la masa oscura: las cortinas, la porcelana, el alféizar. Mi familia entera, la cadena de personas que engrana mi pasado con mi presente, pierde hoy la casa que atestiguó sus (nuestras) vidas. Estas paredes (son rojas, pero la oscuridad las tiñe de negro) atestiguaron cómo creció el abuelo, papá, yo y finalmente André. Este espacio legitima nuestras vidas, arranca del olvido el pasado de mi familia: le concede un lugar al pasado. Siempre asocié nuestro apellido con esta casa. Esta casa pertenece a los Urrutia, solían decir quienes pasaban por la calle cuando yo era niña y ahora, de golpe, nuestro apellido se desarraiga de la tierra que lo vio crecer. *Cómo avanza el tiempo vaciando mis días. Cómo pasan los días destruyendo y construyendo las cosas.* Pienso: me costó más trabajo deshacerme del piano de media cola hace un par de años. Desde que André se fue a vivir a los departamentos al lado de la universidad (en los edificios horrorosos de Copilco) mi piano *Steinway* acompañó mis días. Una se encariña con los objetos que comparten el tiempo con nosotros. Y pienso: me pesa tener que deshacerme de la casa, pero (me digo) en cierto modo es lo mejor para mí, (insisto) para André. Desde que André se fue este lugar se colmó de fantasmas, de dolorosos recuerdos, del polvo que siempre (no importa cuánto me porfíe en deshacerme de él) vuelve, de la evidencia de que el olvido y la muerte arrasan con todo. Aquí vivieron mis antepasados. Aquí murieron también mis antepasados. Vida y muerte confluyen en este espacio rodeado de paredes rojizas; y pienso: del tono de la sangre. O (imagino): del color de la placenta. Aquí (aparte de mí) ya no vive nadie; no obstante (siento) la presencia de papá en la sala; lo veo (no realmente, es un decir) sentado en el sofá sorbiendo un whisky, suspirando mientras yo preparo mis clases o toco piezas que me reconfortan o embelesan o conmueven o sorprenden o entusiasman. Ahora (en la oscuridad) escucho los pasos de papá en el pasillo embaldosado, recuerdo sus zapatos (negros, deshilachados); la textura de sus pantalones grises de pana (me gustaba frotar mis dedos contra ellos cuando los metía en la lavadora); las carreras de André entre sus piernas (lo entreveo corriendo; el baberito estremeciéndose; y las sombras que se suceden); André gateando en la alfombra gris de la sala (avanza a trompicones; el babero trepida como la lengua de un gato); papá andando a pasos firmes; André arrojando risas al aire (el babero no se detiene; lamisca el aire); mis brazos lo levantan (a André, no a papá: la figura de papá se pierde en la sombra de mi memoria). A mi nariz asciende el olor a leche y pollo y verduras licuadas que desprendía el babero; el mismo babero (lo emparento ahora) que los perros destrozaban en mi sueño (que olía a leche). Una puede marcar ciertas etapas de la infancia de sus hijos con los olores que la especifican; en el caso de la primera infancia de André: leche y pollo y verduras. Y luego los olores (y todo lo demás) se dispersan en el aire.

Cómo avanza el tiempo vaciando mis días. Cómo pasan los días destruyendo y construyendo las cosas. Todos (me doy cuenta ahora) contenemos tanta construcción como destrucción dentro de nosotros. Por un lado somos materia orgánica, puro cuerpo que se va encaminando hacia su descomposición definitiva (dicen que la vejez no es más que un proceso de oxidación del cuerpo), pero por otro lado somos espíritu y esta parte nuestra se va dilatando a medida que los días pasan. El cuerpo se va vaciando (y arrugando y afofando y alejándose de los huesos) y simultáneamente el espíritu se va llenando. Y recuerdo: el pellejo de mi tita (mi abuela); y pienso: le llovía por el cuello como el follaje de un arce o como la cresta de un gallo volteada al revés o como la espuma de las olas que abaten en la costa. Y noto: el pellejo de mi papada se descuelga ya por la garganta. Y me estremezco: se afofa. Y me digo: ya estás envejeciendo. Y me digo: ya tengo medio siglo de vida. Frecuentemente se me olvida; siento que tengo menos: unos cuarenta o cuarenta y cinco como mucho. Pero los huesos me duelen (sobre todo la espalda; la espalda me punza todo el día) y la piel se me arruga y los hedores aumentan: signos que me sitúan en la edad que tengo: cincuenta: medio siglo ya (vértigo). En ocasiones pienso que nos vamos deshabitando por dentro como una bola de estambre desdevanándose, vamos vaciando el cuerpo que nos aloja porque vamos vertiendo nuestro interior en el mundo. Como cuando te enfrentas a un programa difícil (pongamos, el tercero de Rajmáninov), y arrancas lo más profundo que entrañas y lo vuelcas sobre el auditorio. Siempre acabas medio vacía. Vértigo: la vida igual: das y das y das y el cuerpo se desaloja. Vértigo: ves cómo te vas vaciando. Te vacías de tanto dar. Vértigo; y luego: respiro: finalmente, respiro.

A mí (lo veo con claridad ahora) me fue legado el olvido. El olvido que ciñen estas paredes rojizas (ahora negras por la noche), sembradas de grietas, es el olvido que fue aumentando a la par que mi familia se fue extinguiendo. Lo que los humanos vamos a dejar (lo sé ahora) cuando todo esto desaparezca es un montón de olvido. Nuestro fruto: la desmemoria. Esta casa en la que el polvo se acumula con una celeridad abrumadora es la sepultura de la memoria. Aquí (la memoria de mi familia va a latir bajo los escombros) habita ya el olvido. Todo (en esta masa de oscuridad) parece haber desaparecido (salvo las cortinas, la porcelana, el alféizar). El alba pronto desanudará el amasijo de oscuridad que ata las cosas: expondrá sus formas, sus contornos, sus texturas. Y pienso: la noche es un malentendido; no debería existir. Y me digo: esta casa cobijó la sucesión de nuestra estirpe: el abuelo creció aquí, así como papá, yo y finalmente André. Para preservar la tradición familiar me hubiera gustado haberle podido heredar esta casa a André y ver cómo sus hijos crecían al amparo de nuestra historia, cómo apoyaban su vida en el pasado de nuestra familia, cómo el pasado soportaba el peso de sus vidas, les daba sentido. Si André se animara a regresar un día podría haberse afincado en esta casa. Ahora creo que es más útil darle el dinero para la tienda. Así, al menos, no se endeudará tanto. En este mismo instante debe de estar reunido con el banco. Con la venta de la casa como garantía es casi seguro que le den el crédito y en tres meses lo cancelamos. Con tal que no se endeude muevo cielo y tierra. Deudas, malditas deudas y siempre deudas. Con el dinero de la casa cubrimos buena parte de los gastos. Y pienso: me hubiera gustado ver a los hijos de André corriendo por el jardín abrigados entre buganvilias o jugando a las escondidillas por la casa o sentados frente a la fuente envueltos en el gorgoteo del agua y las voces de los tíos, abuelos y primos (como fue mi infancia), pero no puede ser así. Uno propone y la vida dispone. Tal vez sea para mejor, nunca se sabe. Además, no es un fenómeno fuera de lo común, las familias disminuyen cada vez más. Todo cambia y todo debe cambiar. En las elecciones del domingo todo va a cambiar y todo debe cambiar. Y me digo: mejor firmar el contrato de compraventa de una vez (en unas cuantas horas, todo habrá acabado); ante todo, esquivar las sorpresas que el domingo depare. Me pregunto: ¿cómo se verá México si el margen entre ricos y pobres se estrecha? ¿Será verdad que México se vuelva como Venezuela o Cuba? No creo. El domingo hablará por sí solo; eso sí, la densidad en el ambiente casi se puede tocar. Los que siempre han callado ya cantan victoria, ya se ufanan por las calles. Anticipan la victoria (me digo). André ya votó por correo y lo hizo por la izquierda. Yo no sé, no me animo a votar por Obrador, se me hace demasiado populista. Y Calderón, ni muerta. Yo creo que Patricia Mercado será mi elección. No lo sé. Me da miedo pensar en cómo se va a poner el país el domingo, y tanto como miedo, un ansia inexorable por ver el desenlace de las votaciones. Mejor cerrar el contrato de una vez y si estalla (no creo) una guerra civil me voy a España con André. El estado del país está muy caldeado; desde las elecciones del ochenta y ocho que no lo sentía tan pesado. Ay México, siempre lleno de esperanzas y siempre bordeando la desgracia. Respiro.

Me da la impresión (André no es de los que frecuentan bares) que una muchachita le está moviendo el tapete a André. Intuyo: la mesera del café al que André (desde hace un par de semanas; después de sus innúmeras visitas al local donde va a poner su tienda) va casi todos los días. Su papá es francés (como Saint-Säens, me dijo). De su mamá no sé nada (no me dijo y no pregunté). La mesera está guapa y es buenísima gente; se llama Hélène (me aseguró). Solo somos amigos; pero me cae muy bien (prosiguió); un día de estos la voy a invitar a un parque donde hay unos sauces llorones miríficos; ya sabes que no me encantan los lugares encerrados (me dijo). Conozco a André. Si va diario a ese café es por algo. Tiene el pelo rojo como tú, me dice cuando le pido detalles de su apariencia, para descubrir sus intenciones. Ahora todo es ella y el entusiasmo por la tienda. Ella y la tienda. La fortuna, como la desgracia, nunca viene sola. Ojalá se le haga encontrar a alguien en estos tiempos de tantos comienzos para él. Anhelo: una muchacha que sea buena y que lo apoye (André es de los que se viene abajo con facilidad) en la apertura de la tienda, en el inicio de su nueva vida. Los comienzos, bien lo sé yo, son difíciles. André tendrá que aprender a sortear obstáculos. Una mujer buena que lo apoye (insisto: es de los que se viene abajo con facilidad). Me quedé con las ganas de ir a su graduación, pero como está la situación económica, ni pensarlo. Nada más me libere de mis deudas y sí lo voy a visitar. Me enorgullece todo lo que está logrando a sus veintiséis años (licenciatura, maestría en España, emprender su negocio solo). Es muy buen muchacho. Pienso: si lo viera su abuelo se llenaría de orgullo. André fue el hijo que papá nunca tuvo y papá fue el padre que André nunca tuvo. Me hace gracia: pienso en la cantidad de características de persona mayor que André emuló de papá. Recuerdo cómo se calzaba las pantuflas, la manera de leer el periódico, la lentitud con que cruzaba la pierna. André lo calcó todo; era un viejo en el cuerpo de un niño (me río). Cuando comparo los gestos de André con los de mis alumnos, parecen sacados de otra época. Es un buen muchacho. Estoy segura de que las cosas en la tienda le van a ir bien. Confío en mi hijo. (Insisto) lo presiento: le va a ir bien. André: inteligente, comedido, sagaz. A ratos me pregunto qué tanto habrá heredado de su papá. Y recuerdo: una vez André me dijo: todo lo diferente que soy del abuelo o de ti debe de venir del señor que es mi papá. Tiene razón (me digo). Su papá era un tipo determinado, lleno de vida, guapo: increíblemente seductor. Retengo en la memoria la fuerza con que dirigió la *Sinfonía Fantástica* de Berlioz, la noche de mi debut (Saint-Säens; segundo para piano) en Bellas Artes, 1979. Indago: ¿qué no habrá logrado ya, si con treinta años había dirigido la Orquesta de Cleveland en un par de ocasiones y se había granjeado un puesto de profesor adjunto en Julliard? Vértigo: ahora debe de rondar los sesenta. ¿Por qué no me animo a buscarlo por Internet? André lo hizo ya y le pedí que no me contara nada. Sólo me dijo que seguía vivo y que salían muchas páginas sobre él en la red. Yo, la verdad, prefiero no saber nada. Tal vez tema que en la información que encuentre de él, en las cronologías publicadas que ensalzan la carrera de cualquier individuo, resalte la evidencia de todo lo que mi vida pudo ser y no fue. No se trata de celos, ni rencor; tan sólo una débil nostalgia por un bello sueño que tan pronto como brotó se desvaneció en la memoria. Mi vida fue lo que tuvo que ser (me digo). Y me pregunto: ¿qué habrá sentido André al encontrarlo por Internet, al teclear su nombre (con las manos temblorosas; imagino), al vagar por las páginas donde su foto asoma, al rastrear en ese rostro ajeno reminiscencias del suyo? André me dijo un buen día (y tiene razón): mitad de mi vida se oculta en la sombra de ese señor. Es imposible saber quién eres si tu pasado está eclipsado por el desconocimiento. Es imposible conocerse sin conocer la procedencia. Parte de mi vida va a estar siempre en la penumbra, me dijo. Y pienso: me martiriza haberlo privado de la mitad de su vida, pero, ¿es mi culpa? Durante un mes (al final del embarazo; recuerdo: en la navidad del 79) me sobrevino la esperanza de que Misha (el padre de André; sí, su padre) lo dejara todo y se viniera a vivir a la Ciudad de México para formar una familia de tres. ¿Cómo habría sido nuestra vida al amparo de otro integrante más? Anhelaba (lo veo ahora) que la infancia de mi hijo se asemejara a la mía. Siento que siempre le faltó un soporte a André; otra figura con quien contrapesar lo que yo o papá le enseñábamos. Soy de la opinión que la variedad y la diversidad cultural y social generan beneficios. Mi esperanza de que Misha viniera a ver a mi hijo (suyo también) nacer no estuvo del todo infundada. Estuvo inducida por una carta que me envió desde su departamento del *Upper West Side* el veinte de diciembre de 1979, deseándome unas felices fiestas y un feliz parto. En ella (pensé que enviaría más cartas, pero esta, la tercera, fue la última) se disculpaba por no poder acudir al parto, esgrimiendo los constreñimientos de su apretada agenda, las obligaciones familiares, compromisos de toda clase (conciertos, clases), pero escribía que si encontraba un hueco (ahora sé que era su manera de suavizar su despedida definitiva) en semana santa vendría a pasar una temporada con nosotros. En aquella época me embargó la ilusión (no tanto alimentada por él como por mi nerviosismo ante criar a André solita) de que renunciaría a todo (conciertos, clases, familia), de que la carta era el encubrimiento de una sorpresa magnífica por venir: su aparición repentina en el hospital para ver cómo André veía su primera luz. La soledad (estaban papá y mamá, pero no es lo mismo) de tener que dar a luz a André sin el apoyo del padre (y el estigma de ser madre soltera en aquella época) era (mi cuerpo lo recuerda) atosigante. Pensé que cualquier compromiso tendría menor importancia que ver cómo nuestro hijo (sí, no solo mío, nuestro) salía al mundo un dieciocho de enero de 1980. ¿Qué compromiso (o miedo al escándalo, da igual) tiene más importancia que ver nacer a tu hijo? Y recuerdo: la callada decepción cuando descubrí que no había sorpresa encubierta en aquella carta; no; no estaba ahí; ahí estaban sólo papá y mamá. Me dije: ya lo sabías, estaba claro. Él ya me había instado a abortar el embarazo en la primera carta. Incluso se ofreció (me hirió) hacerse cargo económicamente del costo de la operación. Luego vino una segunda carta, más insistente; y la concluyente llamada telefónica: me negué; insistió; me negué. La última carta (la del veinte de diciembre de 1979), impregnada de remordimiento, fue la última noticia que tuve de él. Ahora, veintisiete años después de nuestro breve romance (no duró ni una semana), lo comprendo. Antes me sentía despechada: mi vanidad: pisoteada. Pero ahora (veintisiete años después) lo comprendo: por supuesto que no se iba a divorciar de su esposa si llevaban tan solo cuatro años de casados; por supuesto que no iba a renunciar a una promisoria carrera de director de orquesta y catedrático en Nueva York para desbarrancarse en el México de López Portillo y el imperio (plagado de nepotismo) de Carmen Romano en lo que concernía a la materia cultural del país. Y reitero: por supuesto que no. No (insisto); no. Pero yo era una niña de veintitrés años y si hay una característica que define a la juventud (sobre todo tan protegida como estuvo la mía) es la falta de maña. Cómo me atemorizaba dar a luz sola. Y lo que vendría después. Apenas veintitrés años y todo me lo creía. Recuerdo: creía que iba a poder seguir con mi carrera de concertista; que André esperaría tranquilo en el camerino a que los conciertos terminaran; que me aplaudiría desde la galería de Bellas Artes; yo qué diablos sé qué estupideces creía. Y pienso (avergonzada): qué ingenuidad, por dios. Y recuerdo: no creía: que mamá moriría un año después del nacimiento de mi hijo por una diabetes mal cuidada; y recuerdo: no creía: que el país se abismaría en una virulenta crisis económica (la gente incluso se instalaba en las banquetas, en las calles, donde fuera, para vender lo que fuera con tal de no morirse de hambre; o de plano se largaban a Estados Unidos; México: un país vuelto diáspora o vendedores ambulantes); y recuerdo: no creía: que a papá le suspenderían la licencia para ejercer su profesión durante unos meses (pero nunca se recuperó del golpe: jamás volvió a operar); y recuerdo: no creía: que un terremoto convertiría la ciudad en unas ruinas bajo cuyas piedras amontonadas moriría la gente. Retomo: yo creía: en Alfred Brendel; Glenn Gould; en la Argerich; en Cortot. Insisto (obstinada): yo creía: en Scriabin y Berg y Bach y Schumann y Schubert y Chopin y Rajmáninov (el preludio en do menor). Claro que me hubiera gustado seguir la línea que me había propuesto. Me pregunto: ¿quién se plantea una línea de vida para interrumpirla cuando apenas empieza? Y recuerdo: la efusión al sentir la cascada de aplausos recayendo sobre mis oídos al terminar un concierto difícil. Claro que me hubiera gustado seguir la línea que me había propuesto. Pero cuando vi a André por primera vez y escuché su respiración y vi sus manitas hinchadas y su cuerpo se acurrucó contra el mío y sentí las palpitaciones de su corazoncito y su llanto cesó por un segundo y un murmullo nunca antes escuchado afloró en sus labios, mi vida cambió para siempre. Me dije: quien no ha sido madre no comprende nada de la vida. Recuerdo: en medio de la locura del mundo una luz se encendió e iluminó mi vida: guió mi camino. Quien que no ha sido madre no entiende nada de la vida. Insisto: a partir de ese día mi vida adquirió su significado definitivo. Todo lo demás (recuerdo) pasó a ser accesorio (incluso la música: sí). Ser madre es una experiencia profundamente animal; al mismo tiempo contiene una carga espiritual abrumadora. Dar a luz: es bello y horroroso. Es profundo. Me pregunto (sí): ¿cómo arrepentirme de no haber podido continuar con mi carrera de concertista cuando pude experimentar en mi cuerpo el milagro de la vida? No dudo (no): mi vida valió la pena ser vivida por haber dado luz a André. Incluso: viviría mi vida entera nuevamente de principio a fin, sólo para repetir esa experiencia: quien no ha sido madre no comprende nada de la vida. Fue una época extraña (recuerdo): cargada de la esperanza y alegría que un niño le concede a una casa; pero también del luto por la inesperada muerte de mamá. Un año después de alumbrar a André murió mamá: en un lapso de dos años descubrí en mi cuerpo el milagro de la vida y el dolor de la pérdida. Recuerdo la falta de sentido que me abatió al descubrirme en el mundo sin mamá; (recuerdo) la obligación de darle sentido a la vida de mi hijo fue lo que me mantuvo a flote. Vida y muerte confluyeron en aquella época. Y me digo: la vida es así: ahora André ya es adulto, lo saqué adelante: ahora André emprende su propia vida: estoy segura de que va a prosperar: lo presiento: todo va a estar bien.

La oscuridad (menos acentuada) todavía invade este cuarto cercado por las cuatro paredes rojizas que, sin luz, parecen negras. Delante de la casa (en la calle pedregosa cuya banqueta se alza como si la soplaran desde abajo por la fuerza de las raíces de los árboles: está agrietada), la ventisca estremece (imagino; no lo veo) la jacaranda que a su vez riega sus flores bulbosas por el suelo (las flores que André solía empuñar para luego lanzarlas al aire y formar una sombrilla morada por espacio de un segundo: ¿por qué no se quedan en el aire, mami?; por la gravedad, la gravedad las atrae al suelo, como a nosotros, sino, flotaríamos en el aire; ¿como abu flota en el cielo, mami?; sí, como abu flota en el cielo, vigilándonos y protegiéndonos desde allí). Le va a ir bien a Andresito. Lo presiento. Suspiro: su presencia todavía se insinúa en este cuarto (su cuarto) que ahora es mi cuarto. Desde que André se fue a España (suspiro) duermo en este cuarto (me reconforta). El mío (antes el de papá y mamá) dejó de gustarme. Es demasiado amplio (frío), asediado por la penumbra. Este cuarto es más acogedor. Ahuyento la soledad en este cuarto: desfila ante mí la infancia de mi hijo. *Cómo avanza el tiempo vaciando mis días. Cómo pasan los días destruyendo y construyendo las cosas.* Quien que no ha sido madre no entiende nada de la vida.

Papá: no entendía nada de la vida: por eso se autodestruía: por eso se petrificó (como una estatua) en el sofá (todavía tiene su figura tallada en el hule espuma) a sorber whisky y escucharme (cuando ensayaba o preparaba clases o le dispensaba un concierto improvisado) tocar el piano (el que él me había regalado; de media cola; el que le vendí a Rogelia: no el vertical que está ahí abajo); así durante quince años. Después de la muerte de mamá (lo hundió) y el accidente (error más bien; quizá producto de la muerte de mamá; no sé) de papá en la cirugía (me falló la mano, hija, me falló la mano), se derribó en el fango de la tristeza y el remordimiento. Él: había sido la promesa de la familia Urrutia (excelente estudiante, inteligente, guapo; al menos mamá no presenció su caída). Él: el Doctor Urrutia. Nuestra familia se comenzó a desmoronar el día que papá (me falló la mano, hija), cometió el error. Y recuerdo: el paciente simpático (un muchacho de treinta años con un cáncer de pulmón rarísimo; un tumor nefasto de cuatro milímetros incrustado en su bronquio izquierdo); su esposa rubia como el sol y el error de papá: falleció en el quirófano. Ese día: papá dejó de ser el doctor Urrutia (ilustre cirujano torácico) y paso a ser Luis Urrutia "asesino" (hijo de su chingada, usted mató a mi hijo cabrón; me falló la mano, hija, me falló la mano hijo de su chingada me falló me falló hijo de su chingada no sé me falló): hombre desdibujado; el cuerpo sumergido en el fango de la tristeza y el remordimiento; la vergüenza, la humillación pública: todo se empezó a extinguir. Luego: la demanda, la suspensión de la licencia, la desinformación de los periódicos, las burlas de su gremio, el declive. Ya nunca se puso de pie otra vez. Y recuerdo: yo procuraba consolarlo a través de la música (Bach, él vuela más alto, hija); entre nosotros se estableció un vínculo intenso (fortificado por nuestro amor hacia determinados compositores). Y André: cuatro añitos. Fue papá quien me inculcó el amor por la música, quien me llevó, cuando yo apenas tenía nueve años, al célebre concierto de Horowitz en el *Carnegie Hall*: su regreso a los escenarios después de doce años de silencio. Recuerdo: efusión (burbujeando en mi cuerpo); la entrada (por la derecha) serena de ese señor (yo lo veía como un gigante) acicalado, ligeramente encorvado; cómo se enfilaba al piano (quizá, pienso ahora, luchando contra el miedo); su respiración (sigo creyendo que se escuchaba en la sala); cómo se sentaba; el silencio de piedra que se hizo en la sala; el primer acorde. Todavía siento la espesura del silencio previo al primer acorde. El señor de nariz aguileña (recuerdo: sus fosas nasales eran colosales) depositó sus manos sarmentosas en el teclado y desencadenó una sublime conmoción en el público. Y recuerdo: los ojos azules de papá cargados de lágrimas cuando Horowitz (al final del concierto) regresó a la sala, se acomodó en el banco, lo aproximó a la caja negra, se sumió en ese silencio sólido tan característico de él y se abalanzó sobre la *Balada en sol menor* de Chopin. Advierto (lo pienso ahora): nuestras vidas están marcadas por pequeños instantes, fragmentos de vida cuya repercusión en el decurso de nuestra existencia desconocemos en el momento de vivirlos. Me persigue la idea de que si papá no me hubiera llevado a ese concierto mi vida habría sido completamente distinta. O (elucubro) si papá no hubiera cometido aquel error (duró un segundo) yo no me vería obligada a vender la casa hoy. Me pregunto: ¿cómo es que un segundo puede resonar durante toda una vida? Conjeturo: si Misha (la noche después del último concierto de la serie en los que debuté) no se hubiera explayado en su alabanza de la sexta de Mahler, André jamás habría sido concebido. Somos víctimas de los pequeños instantes que la vida nos impone (disparan nuestras vidas de un lado para otro), cuya repercusión sólo podemos advertir con el paso de los años. Papá decía: esta casa representa nuestra historia; me pregunto: ¿qué hizo él para preservarla? El dilapidó sus ahorros en el whisky, en llevar la misma vida sin sueldo que cuando era médico y ganaba montañas de dinero: ¿cómo no me iba a endeudar yo si tenía que mantenerlos a él y a André? Y pienso: somos víctimas de esos instantes y su fuerza irradia en quienes nos rodean.

En mi boca (siento) se asienta un gusto desagradable. Con los años (oxidación) los olores que emanan de mi cuerpo se vuelven cada vez más desagradables y más invencibles. Bostezo. El alba (cuyo resplandor apenas comienza a contornear los objetos de mi cuarto; el de André) afuera ya comienza a revivir al mundo. La casa se me (nos) va. Este espacio en el que el mundo me olvidó (último vestigio de la estirpe de unos tales Urrutia, emigrantes del País Vasco a mediados del XIX, que ansiosos por hacer fortuna en el Nuevo Mundo llegaron a este país de culturas superpuestas y la hicieron, y ya adinerados erigieron esta casa) un miércoles cualquiera se me escabulle de las manos. Respiro: en la calle resucita ya el día; repunta ya la constelación inarmónica de ruidos. Me doy cuenta: André me hace mucha falta en un día como éste: el desaliento al percibir que la casa se nos va se apodera de mí un segundo y luego (luego) cede. Me repito: André me hace mucha falta. Veo: el día ya empieza. Pronto me despojaré de las sábanas y la colcha y enfrentaré este día al que tanto temí. *Cómo avanza el tiempo vaciando mis días. Cómo pasan los días destruyendo y construyendo las cosas.* Afuera, la buganvilia rebosa la tapia. Afuera, los perros ya no ladran. Todo cambia a mi alrededor. Todo se mueve (como la tierra). Todo se mueve y gira y gira y aun así parece tan estático... El rumor (amortiguado) de las llantas pisando el suelo pedregoso de mi calle detona una ventolera de inquietud en mi cuerpo. La ciudad: enmudeció a los pájaros; antes cantaban; ahora sólo cantan los coches. Me pregunto: ¿dónde voy a vivir cuando todo esto se derrumbe? Vivir: dejar ir. *Cómo avanza el tiempo vaciando mis días. Cómo pasan los días destruyendo y construyendo las cosas.* Y pienso: el día al que tanto temí ya está aquí. Advierto: el temor se diluye; el día al que tanto temí ya está aquí (me digo). Tanto me aterraba este miércoles y ya que está aquí el terror sucumbe. Afuera, la luz se ve igual que siempre: ya está aquí (pienso). La claridad azulada de este hermoso día ya empieza a cebar los objetos (los objetos macizos que parecen arrancados de otra época: camas, armarios, aparadores que pertenecieron a mis abuelos, a mis padres, a mí); ya está aquí (me digo). Los objetos encierran la historia de mi familia; ocultan los secretos (miles) que escucharon a lo largo de los años. Los objetos (besados por la luz que enciende mi ventana) adquieren claridad, textura. Los objetos (escuchan mis secretos) callan; enciendo la televisión. Este es el día al que tanto temí. Aquí está. Ya no siento miedo.

MAÑANA

La silueta de André (después de la incesante interrupción de nuestra despedida, derivada de los obstáculos que nos imponían los controles de seguridad del aeropuerto: despojarse del cinturón; colocar la cartera, llaves, teléfono, en la bandeja blanca de plástico; tirar la botella de agua; resignarse a ser auscultado por un detector de metales) se fue extinguiendo cadenciosamente (larghetto) en el corredor celado por la pared de vidrio esmerilado. Mi corazón: conforme André desaparecía (recuerdo), (mi corazón) se achicaba (parecía haber ralentizado el ritmo de sus palpitaciones, o haberlas sincopado: sonaban, recuerdo, secas), mi corazón y mi cuerpo se extenuaban (recuerdo: voces rumoreaban en la amplitud reverberante del vestíbulo); las rodillas desfallecían; un temblor escalaba por mi barriga (o descendía; no recuerdo). Y pensaba: el vacío es este (recuerdo). Y yo: anquilosada, lánguida (flor marchita; pensé, recuerdo), aislada dentro de ese estado de estupor. Recuerdo: permanecí inmóvil de pie ante el control de seguridad (la gente continuaba: quitándose el cinturón; colocando la cartera, llaves, teléfono, en la bandeja blanca de plástico; tirando la botella de agua; resignándose a ser auscultados por un detector de metales); no sé cuánto tiempo permanecí inmóvil, años y años suspendida en esa parálisis, guardando la impresión de que (mi corazón) empequeñecía y los latidos (golpes) sordos sincopaban (presto). Me pregunté: ¿ahora qué hago? Ahora regresa a la casa (me dije) y vive este día con normalidad. Cómo se supone que viva este día con normalidad si mi hijo se fue a vivir a España sin boleto de regreso. La silueta de André: se extinguía en el corredor (me vino a la mente: sombra que se funde en las demás sombras). Y luego: la sala de espera atestada de gente ansiosa por subirse al avión; los asientos grises de piel falsa reflejando el resplandor del día luminoso; el costado de la sala de espera invadido por la luz; los aviones estacionados; los aviones despegando en la ventana; el ruido de los motores filtrándose en la sala y André solo con sus nervios y una revista que compró antes de pasar por el control de seguridad. Y yo: inmóvil; renuente a moverme; renuente (ahora lo veo) a asumir que mi hijo se había ido para nunca volver. Y la luz (como la de ahora) inundando el atrio del aeropuerto y el rumor de los aviones sobrevolándolo. Una espera los momentos que sabe que van a cambiar el rumbo de su vida por tanto tiempo que cuando finalmente suceden, suceden con una celeridad incomprensible. Días y días pensando en ese momento, días y días dejando que la idea se dilatara en mi cabeza, y todo pasó en menos de dos minutos. Me pregunté (recuerdo): ¿eso es todo? Ahora (me dije) regresa a tu casa y vive este día con normalidad; (insistí) con absoluta normalidad: arregla tu cuarto, haz tu cama (nunca la hago por las mañanas; ahora, por ejemplo, sigue desarreglada), prepárate para salir a dar clase y come fuera (me gusta cocinar, pero no para mí sola: ese día: menos), sal de la casa como si nada hubiera pasado, dale los buenos días a los vecinos, regresa a la casa y espera a que las diez horas de vuelo, dos de escala, otras dos y media de vuelo, hayan transcurrido y recibirás noticias de él. Me repetí (inmóvil, de pie ante el control de seguridad): arregla tu cuarto, haz tu cama, prepárate para salir a dar clase y come fuera, sal de la casa como si nada hubiera pasado, dale los buenos días a los vecinos, regresa a la casa y espera a que las diez horas de vuelo, dos de escala, otras dos y media de vuelo, hayan transcurrido y recibirás noticias de él. Y pienso: cuando las personas están en los aviones da la impresión que nunca existieron. Así fue: vacía, caminé por el pasillo de mármol atravesando los charcos de luz asentados en el atrio, me adentré en los haces verticales de luz blanca artificial (la que evidencia las imperfecciones en la cara de las personas), vi el tropel de personas rodeadas de maletas de pie delante de los bancos, tiendas, restaurantes (¿qué esperan?, me pregunté, recuerdo), vi guardias de seguridad rechonchos fingiendo vigilar el aeropuerto, subí dos pisos en el elevador opresivo (todo aquel día resultó ser opresivo), llegué al estacionamiento, encontré mi coche (el mismo coche que ahora está en el garaje, esperándome), abrí la puerta y la idea de que André había partido me aporreó nuevamente. Qué hacer con este día y con mañana y con todos los demás: los días vacíos (pensé). En el coche: cálmate, todo va a estar bien, dentro de catorce horas y media, quince cuando mucho, vas a saber de él: los aviones ya no se caen. Todos los miedos (todos) concentrados en ese avión. Todo va a estar bien (me dije entonces): todo va a estar bien (me digo ahora: el pelo mojado, el olor a jabón que desprende mi piel, el gusto a café en mi boca, mi estómago desbaratando el croissant, mi piel avejentada acogiendo la ventisca fría que se filtra por la ventana de la cocina). Todo va a estar bien. Y me pregunto: ¿dónde voy a vivir cuando, dentro de tres meses, tenga que entregar las llaves de mi (nuestra) casa?

Me pregunto: ¿cómo hacerme a la idea de que de golpe todo lo que ahora me rodea no va a estar y que mi vida (tome el rumbo que tome) estará envuelta en otras paredes, otros paisajes, otra cocina? Otra cocina. Otra cocina: una cocina sin memoria. Y pienso: de esta cocina (de la que tanto me he quejado) me gusta la luz que entra por las ventanas: luz clara que cada mañana destaca la mugre que se acumula en la hoja de vidrio. He intentado limpiar la hoja de vidrio años y años y jamás la he dejado transparente, invisible (como la dejaba Victoria; Vicky: señora encantadora que dilataba en esta cocina su personalidad: impregnaba la mesa, las flores, las paredes, de sus ganas de vivir). Invisible: Vicky (ventana): esa señora que vio cómo André pasaba de querer ser futbolista a querer ser arquitecto a querer ser poeta. Profesiones sin ningún rastro de previsión futura (André); fruto de impulsos indescifrables, de la idea ilusoria de la vida que uno se hace cuando es niño o adolescente. Recuerdo: Vicky dejaba las ventanas impolutas (invisibles). De esta cocina me gusta su memoria (Vicky; André futbolista y arquitecto y poeta), la memoria de quienes fuimos se esparce en sus paredes, en el alféizar (donde está la maceta vacía), en los armarios. Vicky (a quien tanto y tanto quisimos): nos robaba azúcar. Después de Vicky (a quien tanto y tanto quisimos): desfiló por esta cocina una procesión de muchachitas (no recuerdo cuántas: ¿trece?) de todos los pueblos imaginables de este extenso país, hasta que finalmente llegó Amelia, la última empleada (el dinero dejó de estirarse) que tuvimos. Amelia (cuyo tiempo en esta cocina estuvo marcado por su enorme sentido del humor): cuajada de hormonas adolescentes se dejó embarazar por el jardinero de la vecina: se la llevó para siempre a un pueblo en la frontera, impelido, supongo, por el anhelo de cruzar la frontera y consumar el sueño americano. Es verdad lo que dice André: esta ciudad representa mil mundos (cada uno con sus rígidas leyes: incomprensibles para agentes externos), mil esferas separadas, infusibles entre sí, intentando cohabitar dentro de un mismo espacio.

De la cocina me gusta (también) el refrigerador. Unos imanes diseminados por su superficie blanca (me los han ido regalando mis alumnos adinerados) me señalan lugares que probablemente jamás conoceré: São Paulo, El Cairo, Anchorage, Tegucigalpa. Encuadrado por otros imanes (de ciudades que sí he conocido: Buenos Aires, Londres, París, Berlín): el dibujo de un piano que me regaló André por el día de los padres (¡de los padres, sí!): ¡FELIZ DÍA DEL PADRE MAMI! Porque eres la mejor mamá y maestra de piano y también el mejor papá. Felicidades (mi vida, me encogió el corazón). Sin duda el mejor regalo que me han hecho en mi vida: yo tenía veintinueve años. Me gustan: las mañanas en las que puedo dilatar el desayuno y tomarme el café en absoluta calma. (Insisto): me agrada prolongar este ritual hasta que la postergación de las obligaciones del día sea ya verdaderamente imposible. Me gusta: ver cómo el viento mece las hojas de la buganvilia (rebosa la tapia); ocasionalmente una ráfaga arranca una flor, la lanza al aire, (la flor) remolinea y cae (una mano en el teclado) en el agua sucia (musgosa) de la fuente. Me gusta: ver cómo el vapor se alza de la taza (la que tiene estampada el dibujo de un oso panda abrazando un búho) y se pierde en el aire perfumando su vuelo del aroma seco y terroso del café. Mis dedos: alerta (los siento, todavía), ágiles y despiertos por los ejercicios de esta mañana (escalas y un poquito de Schubert). Así les digo a mis alumnos: todos los días, aunque estén crudos, tienen que hacer escalas, ejercitar las articulaciones, al menos toquen media horita por la mañana. El piano es muy celoso y es para toda la vida. No le gusta prestarte a las demás diligencias de la vida. El piano te quiere enterita. Incluso en días como hoy (la casa se me escabulle de las manos), en días de cielo límpido, días bañados de luz de verano: hay que tocar. Incluso cuando la luz, el color de las cosas y la hospitalidad del día nos invitan a salir a la calle y agasajarnos en su dulzura, incluso entonces, el piano te sujeta: al menos hay que concederle media hora al día.

Recuerdo (el día que André se fue): el cielo encima de mí (después de pagar la cuota del estacionamiento: carísimo) colgaba con todo su esplendor: azul, imponente, sin esmog. El cielo azul, recuerdo, contrastaba con mi estado emocional. Aquel día (asediada por la confusión: aturrullada) encendí la radio del coche; estaba en la estación que André había sintonizado en el tráfico (Río Churubusco: rumbo al aeropuerto); una melodía pop insoportable, repetitiva e inequívocamente efusiva se propagó en el coche. El mundo a mi alrededor parece bullir de alegría. El mundo a mi alrededor no se da cuenta de que mi hijo se acaba de ir. Me pregunté (aturdida): ¿qué no se dan cuenta de que mi hijo se acaba de ir?; ¿nadie es capaz de mostrar compasión por lo que siento? Así y todo llegué a la casa. (Ofuscada) advertí que no podía vivir el día con "normalidad": llamé para cancelar mis clases (mi cuerpo no daba). Y recuerdo: me propuse tocar el piano (en aquella época yo andaba practicando la sonata para piano número veinte, de Schubert) y nada (mi cuerpo no daba); nada; yo quería volcarme en el teclado, verter la tristeza en las manos, dejar que se deslizaran por el andantino y nada; me (el piano) rechazaba; nada y nada. A mis alumnos siempre les insisto que aporten sus emociones a la interpretación en curso; pero ese día (nunca antes me había pasado) nada. Sentía las manos agarrotadas; en el cuerpo: la horrible sensación de que el corazón con cada palpitación (seca) se me achicaba (se me volvía una pasa); mis manos: prótesis (agarrotadas) inmóviles; el corazón: se me iba secando con cada golpe (seco) que daba hasta quedarse tieso (como una piedra sin memoria), terroso (infértil), imposibilitado para irrigar sangre al cuerpo. Y pensé: mi cuerpo se atiesa; todo lo que sale de mi corazón (venas, cuerpo, manos, todo) son prótesis: yo (mi cuerpo y venas y manos y todo) vuelta muñeca de Bellmer. Yo (ese día): sentada delante del piano, mustia, (una gran prótesis; toda yo prótesis; emergente del muñón que era mi corazón), mis ojos fijos en el reflejo de mis manos (sarmentosas) en la madera negra, mis manos (agarrotadas) inútiles en el negro reluciente del piano, el anillo de compromiso de mamá (el que decidí ponerme para que me dejaran de preguntar si era soltera) brillando en la madera (reluciente) negra. La polvosa soledad (como si las paredes me la escupieran encima) ensañándose en mi cuerpo; las paredes (rojizas) cerrándose sobre mí; todo patentizando lo que yo era: un muñón; una prótesis de ser humano; una muñeca de Bellmer. Inmediatamente (recuerdo) me vine a la cocina (la misma cocina, sólo una diferencia: la maceta en el alféizar no estaba vacía: en su interior vivía una orquídea) y abrí esta ventana que tengo de frente, la que Vicky (a quien tanto y tanto quisimos) dejaba impoluta. Me pregunté (recuerdo): ¿por qué no entra el aire? El aire parecía estancado en el patio trasero (donde rebosa la buganvilia; donde la fuente apresa el agua muerta); por qué no quiere entrar (me pregunté, recuerdo); tieso el aire y tieso todo. Y luego: me senté en esta silla en la que estoy sentada ahora y al ver el dibujito del piano que me hizo André para el día del padre (y la foto que está a su lado: André en su sexto cumpleaños vestido de *Superman*) me desbaraté en un llanto amargo, un llanto sordo, un llanto lastimoso y purificador al mismo tiempo, un llanto en el que salió disparado todo lo que había acumulado durante años y años y años (pienso: desde que André me confesó que lo habían aceptado en la Universidad Complutense; pienso: desde que hizo el viaje de despedida a Punta Cometa que me anunció cómo sería la vida sin él), un llanto que purgó (pienso ahora) todo lo que se había amontonado en mi cuerpo desde el otoño de 1997, el año en que, tras semanas de agonía, papá falleció. El día que André se fue me pregunté (recuerdo): ¿para qué tanto dolor; tanto sufrimiento? Y ahora (dos años después) la respuesta: era lo que André necesitaba. Ahora (dos años después) la respuesta: André (mi orgullo; mi vida) construye su vida. Aunque mis viernes ya no estén iluminados por nuestras cenas juntos, aunque la comunicación no sea tan fluida, entiendo que necesitaba irse. André necesitaba distancia. André necesitaba desprenderse de mi apego. André necesitaba escaparse de la sombra de su abuelo. André necesitaba exonerarse del peso de los escombros de la familia. André necesitaba alejarse del odio que (por motivos que ignoro) sentía hacia la Ciudad de México (o, como él la llamaba: la cloaca); donde hay más ratas que personas (decía); donde las personas se han vuelto ratas (decía). Tal vez (ahora que lo pienso) no ignore del todo la procedencia de su odio al D. F. Haber sido (elucubro): objeto de numerosos escarnios cuando era niño por carecer de papá. La Ciudad de México: brava; el estigma es fácil de adquirir. La infancia: llagas cuyo eco reverbera en la edad adulta. Los niños (lo he advertido frecuentemente): pueden ser más crueles que los adultos (y es mucho decir): apodaron a André "el huerfanito". Y sé que su amigo Federico (hijo, también, de madre soltera) lo denostó delante de todos sus amigos en el vestuario de la natación: aparte de ser profesora de piano tu mamá es una suelta. André rebatió su invectiva con una tanda de puñetazos (me río) que le agenciaron tres días de suspensión de la escuela. Federico (obligado por su mamá) vino a disculparse e hicieron las paces. Después siguieron yendo al futbol juntos los martes y los jueves. Hubo algo en el comentario de Federico que opacó a André, algo que lo punzó: un día (recuerdo) lo descubrí fumando marihuana en la fuente; lo reprendí (naturalmente; como hacía mi mamá); y André: yo a ti no te hago caso, no eres más que una suelta, seguro ni sabes quién es mi papá, seguro lo del gringo ese es pura mentira porque ni siquiera sabes quién es mi papá, eres una suelta. Y yo: le di una bofetada (jamás le he pegado a alguien con tanta fuerza) que se le imprimió en el cachete por el resto del día. Por faltarme el respeto (le dije); a la mamá se la respeta (le dije). Eso y todo fueron las palabras, pero a mí se me mostró una verdad que antes sólo (y por remordimiento) intuía: André portaba una herida inmensa en la vida. La ausencia de papá había crecido y había dejado en su cuerpo un dolor insuperable: André (me di cuenta) andaba por la vida cargando una inmensa herida abierta. La vida: la atravesamos cargando heridas en nuestro cuerpo; la vida nos hiere y nos hiere hasta que nos morimos y nuestra muerte hiere a los demás. La vida: una herida que no cicatriza. Y pienso: en comparación con el dolor (ésta y la muerte de mis padres es la herida que cargo yo) que sentí el día en que André se fue a Madrid, la pérdida de la casa es un paseo por el campo. Un paseo acompañado de lluvia y malestar, pero paseo al fin.

André: necesitaba distancia, plantarse solo ante el mundo, descubrir su camino. Y recuerdo: sí le aprobaron el crédito en el banco. Hoy por la noche, cuando me traigan el anticipo del diez por ciento, busco la mejor manera de girarle el dinero a André; para que tenga algo, al menos. El señor Villalpando quería darme el anticipo en su oficina; yo no sé por qué no me lo deposita; si es en efectivo (yo prefiero) que me lo traiga a la casa; no me gusta cargar con tanto dinero. Que venga y así su hija conoce la casa de una vez. Me da igual. Dentro de tres meses (cuando me deposite el noventa por ciento restante) cubro todas mis deudas, pago un año de renta, y el resto se lo envío a André para que cancele el crédito del banco. Yo (ya sin deudas) no necesito mucho para vivir: con las clases tengo suficiente (comida, luz, agua y gastos extra). Me pregunto: ¿dónde vivir? La Roma o la Juárez me gustan. Aquí ya no quiero vivir; demasiadas memorias apiladas en sus calles, edificios, personas. Un cambio, necesito un cambio. (Demasiados) años ya en este barrio; es como mi segunda piel; necesito un cambio de piel. Es hora (nunca lo hice) de emprender una vida nueva; esta casa (me doy cuenta ahora) fue un lastre para emprender mi vida independiente. En sus paredes: todos los ecos habitan. Los ecos: me cercan. En sus paredes: se teje una alambrada de ecos herrumbrosos. La alambrada: me impide librarme del pasado. El pasado de esta casa es una nube que me impide mirar hacia delante. El pasado: ecos punzantes (alambrada herrumbrosa). Fuera de los dos años que estuve becada en Nueva York, no he vivido en ningún otro lugar. Ninguno. Apenas noches varias sucediéndose en cuartos de hotel cuando me iba de gira. Apenas. Vivir (hacerme el café, limpiar la casa, preparar comida), no. En los hoteles se viven simulacros de vida; no vida real. La vida real se forja en la cotidianidad (hacerme el café, limpiar la casa, preparar comida). Vivir, no: apenas simular. Vivir, sólo aquí. Y en Nueva York (dos años). Tal vez la venta de la casa me sirva para retomar el hilo de la vida que empecé en Nueva York y que se interrumpió con mi regreso al D. F. Recuerdo: en Nueva York (vida expedita, vida desenfadada, vida entregada a la música y los placeres del cuerpo), vida plena. La Roma podría ser el enclave donde desarrollar mi nueva vida (plena). No es cara y sus edificios recogen cierto aire afrancesado. En la Roma: reemprender la vida que empecé en Nueva York. Total, ya nadie me vigila. Me pregunto (inquieta, de pronto): ¿cómo es que si ya nadie me vigila (siento) mil ojos se clavan en mí cuando estoy en esta casa?; ¿por qué no he podido huir de la sombra de mi familia? Mi vida (lo veo ahora) estuvo atravesada por el temor a la opinión pública, mi amor por la música, mi consagración a André. Cuánto no me faltó por vivir (indago). (Insisto): ¿cuánto no tuve que sacrificar; primero: por las imposiciones sociales; luego: por los sacrificios que exige la música; y finalmente: por la voluntad de hacer de mi hijo un hombre de bien?; ¿cómo habría sido mi vida sin esos tres condicionantes? (Tal vez) en mi nueva vida me busque un novio; (alguien) con quien ir a museos: o visitar todos los pueblos coloniales de los cuales sólo conozco hoteles o teatros o salas de concierto o auditorios.

Aquel día (cuya luz desarmonizaba con mi estado emocional), recuerdo, el flujo de mi vida se asoló de golpe; el hilo (que conectaba todos los sucesos de mi vida desde los veintitrés años) se cortó como se corta el cordón umbilical cuando nace un bebé. Aquel día (segundo corte del cordón umbilical): en un semáforo de Miguel Ángel de Quevedo me di cuenta de que mi vida (un muchacho de la edad de André vendía chicles) había perdido su sentido. Recuerdo: sobrepuesta a la imagen de la silueta de André extinguiéndose (larghetto) en el corredor del aeropuerto, apareció otra (trepidante: el vacío absoluto de mi existencia a partir de ese momento): yo (desayunando, comiendo, cenando) sola en la cocina de esta casa; vieja y débil. A los cuarenta y ocho años de edad la vida me situaba una vez más con dieciocho: cargada de rabia, confusión, inseguridad. Y me dije: peor aún; se te olvidó sumar los desencantos de la edad. Tenía dieciocho, pero sin las promesas (mentiras) del futuro (mentira). Tenía dieciocho, pero ya no soñaba con tocar en la *Pleyel*, en el *Carnegie Hall*. Tenía dieciocho más treinta desencantos: cuarenta y ocho (arrugas) años. Quería huir, pero no tenía adónde. Quería huir de mí misma; huir adonde fuera; huir de mi (vida) cuerpo. Y luego: el coche se adentró en la calle adoquinada; vi la jacaranda; se metía en el garaje. La pregunta (en mi cabeza): ¿cómo recomenzar mi vida a los cuarenta y ocho años?; ¿cómo tolerar el bandazo? Y fue así: poco a poco navegué por la tormenta. (Poco a poco) fui navegando mi vida; esta vida que ahora vivo; esta vida (fantasma) que ahora vivo (ausente) y que empecé hace dos años y que ahora (dentro de una hora; cuando firme el contrato) va a cambiar nuevamente y (otra vez) para siempre. Aun así: parece siempre estática. Nada y todo cambia al mismo tiempo (me digo). Aun así: me acostumbro. El cuerpo aprende a soportar el peso de las desgracias (me digo). El cuerpo humano es el vertedero donde se apila la desgracia (insisto). La vida: un camino que conduce a la pérdida. Nuestra vida (decía André): tierra fértil donde se planta la semilla de la ilusión, germina la realidad, y aflora el desencanto. Después de haber hecho una escala en Ámsterdam (increíble mami, imagínate que hay un museo en el aeropuerto) había llegado a Madrid: exaltado, sano y salvo. Y de repente (el deslumbramiento): su primera vez en Europa: esa tierra mítica de la que tanto había escuchado hablar a su bisabuelo y a su abuelo (papá) y que por accidentes de la vida no llegó a conocer hasta los veinticuatro años de edad, cuando fue admitido en la Universidad Complutense para cursar una maestría (aquí le dicen máster, mami) en sociología aplicada. Tras mucho esfuerzo y mucho sacrificio (de su parte y de la mía) logramos reunir el capital (mucho) necesario para costear el boleto de avión, los gastos relacionados con sus estudios y un par de meses de renta en un departamento (diminuto; es un cuchitril, pero con mucho carácter, mami) en el centro de Madrid, y una exigua (con el euro todo está carísimo, mami) manutención. Al llegar, me dijo, riendo: la operadora dice (impostó un acento español): pulse la tecla almohadilla; ¿lo puedes creer?; almohadilla en vez de gato. Esto y los peinados desatados de la gente fue lo que más le sorprendió de Madrid. Y recuerdo: yo no me podía creer lo que me contaba de los peinados porque cuando papá me llevó a España (después de ir a Londres: en el 67), Madrid era un lugar gris; en sus calles proliferaban las personas vestidas de negro, y se sucedían uno tras otro los curas y las monjas. La España que André me dibujaba (residual de la movida madrileña, supongo) no podía distar más de la que yo había visitado. Recuerdo: al principio no entendía por qué quería estudiar allá; para mí seguía siendo un país infinitamente atrasado si se lo comparaba con Francia o Inglaterra; pero al poco tiempo, descubrí que huir de México era el impulso detrás de su elección y la Complutense había sido la primera universidad que posibilitó su escape. Una y otra vez (André): me gusta el D. F., pero es una ciudad que te encara continuamente con la descomposición; es un recordatorio constante de la muerte que nos espera; me gusta, pero quiero ver otras; estoy harto de ver cosas podridas. Huir del D. F. (lo comprendo ahora) era una necesidad vital de André.

Pienso: todos los que nacimos y crecimos en esta ciudad la amamos tanto como la odiamos; o, cuando menos, sentimos hacia ella un híbrido de estos dos sentimientos cuya denominación no hemos encontrado aún (algo entre el amor y asco). El D. F.: una ciudad visceral; llena de vida (en su definición más amplia y amoral); bella (en parte) y repelente. Una vez una amiga (me dijo) en una conversación: el D. F. es un monstruo que te secuestra y te viola y por tanto tu raciocinio te empuja a odiar; pero curiosamente, a medida que sus violaciones se vuelven más agresivas y más profundas tu parte irracional empieza a disfrutar, a amarlas incluso, y nunca más te puedes acostar con nadie más sin que se tepa a poco. Debe de tener razón (me digo). Una establece con el D. F. una relación carnal. Para amarlo: hay que ser amoral. Y André (por teléfono): me muero por ir a la cloaca. Y yo: pero si odias el D. F. No (me dijo); yo amo el D. F.; lo amo con una intensidad tal que se junta con el odio; o tal vez tengas razón y lo odio; no sé; no sé cómo decirlo; en el diccionario todavía no he encontrado una palabra lo suficientemente profunda (o podrida; no recuerdo) para describir lo que siento por el D. F. Y prosiguió: así es esa ciudad de contrastes; es como tu peor enemigo, al cual de tanto odiar terminas queriendo. Y dale (André así siempre): el D. F. es una ciudad de espejos pisoteados; nido de ratas; siempre temblando; es una ciudad-cloaca; bordeando (siempre) el abismo; es una vagina inmensa: vagina de la que salí.

Yo también, cuando era más joven (cuando en esta ciudad, por así decirlo, apenas repuntaba el tumor maligno cuya metástasis es ya irrefrenable), fruto de un concurso de piano que gané, hui de esta ciudad. Dos años de vida en Nueva York: el primer año en la casa de Marianne (la amiga alemana ricachona de papá: ¡qué increíble piano pleyel tenía!) al lado del *Metropolitan Museum*; el segundo: al lado del *Columbus Circle*, al lado de la escuela, compartiendo departamento con Cintia, mi amiga violinista italiana. ¡Fue una experiencia tan enriquecedora! El futuro: ¿quién me iba a decir que Misha (por aquel entonces empezaba a dar seminarios de composición) iba a ser el director invitado para mi debut (Saint-

Säens; segundo para piano) en Bellas Artes tres años después?; ¿quién me iba a decir que la simiente que determinaría mi vida futura estaba plantada en ese seminario de composición al que me inscribí para completar los créditos de mi primer semestre en Julliard?; ¿quién me iba a decir que ese muchacho culto, casado, simpático, reservado, se iba a acostar conmigo en un cuarto de hotel en la Ciudad de México y que por falta de precaución por mi parte me iba a dejar embarazada? Cuando me enteré concluí: todo, todo en la vida pasa por algo. En esta cocina, sentada en esta misma silla, confesé: papá, mamá, estoy embarazada y después de mucho pensarlo decidí tenerlo. Y las palabras de papá: ¿le va a dar el apellido, hija?; (no; es un director de orquesta judío americano, muy simpático y buena gente, pero está casado, no es su culpa, pero no se quiere comprometer, vive en Nueva York); está bien, hija. Y Mamá (sólo miró el trozo de cielo que se enmarcaba en la ventana; azul, como siempre): la vida de una mujer sola en esta ciudad no es fácil. Eran otros tiempos. Y papá (con su parsimonia habitual y la mirada vidriosa): todo pasa por algo, hija. Cuando le escribí a Cintia (por aquella época ya se había graduado, vivía en Suiza y se había granjeado un contrato con la *Orchestre de Chambre de Lausanne*) para contarle lo sucedido con Misha me respondió de broma: *At least Mahler got you pregnant; your baby will have its origins in the sixth, that's quite something.* Lo habíamos apodado "Mahler" de broma porque Misha era un amante devoto de su música y adonde fuera la encomiaba; y si no hubiera sido porque en la recepción después del último concierto de mi debut se empecinara en mostrarme "su lectura" de la sexta de Mahler en su cuarto de hotel (iba a dirigirla en la orquesta de Filadelfia dentro de dos temporadas), André jamás habría nacido. Cintia tenía razón: André tiene sus orígenes en la sexta de Mahler.

En el jardín: la claridad ha robustecido los contornos de las plantas que lo pueblan. Me pregunto: ¿cuándo fue que esta ciudad enmudeció a los pájaros que la sobrevolaban? La luz incide en la buganvilia que escala la tapia entre la casa de mi vecina y la mía. Y sus perros, siempre ladrando. Dentro de poco (muy poco) tiempo, una firma certificará que esta casa deja de ser mía (nuestra) y pasa a ser de Justo Villalpando. Hoy, a las nueve de la noche, vendrá a entregarme el anticipo del diez por ciento de la venta de la casa y le enseñará mi (su) propiedad a su hija. Justo Villalpando: un nombre cualquiera. Justo Villalpando: un nombre que pronto apurará el inicio de una nueva etapa para su familia (y la mía). La casa: después de muchos meses de ofertarla y muchas reducciones de precio (hoy) deja de pertenecernos a André y a mí, los últimos Urrutia (salvo Antonia que vive en Valparaíso). Hoy: le concedieron un crédito a André para emprender su negocio de relojes, cuadernos, plumas, camisas y demás artículos diseñados por japoneses y escandinavos. Dentro de cuatro meses (a más tardar): cancelaremos el crédito del banco con el dinero que sobre de la venta de esta casa (tras cubrir las deudas de tarjetas de crédito que contraje a lo largo de los últimos veinte años y que apenas pude atemperar con la venta de mi piano de media cola). Hoy: renuevo mi vida. Hoy: cierro una etapa. Hoy (sin siquiera advertirlo): se abre una etapa nueva. Hoy: siempre. Advierto: todo cierre de una puerta implica la apertura de otra. El jardín: no es la última vez que lo veré desde esta cocina. No es la última vez que veré la fuente de agua muerta. No es la última vez que veré la buganvilia o el borde de la tapia rematada de fragmentos de vidrio roto. No. Pero sí es la última vez que a todo esto que mis ojos ven puedo llamarlo mío (nuestro). Dentro de poco (muy poco): todo permanecerá igual y sin embargo será diferente: no será mío (nuestro). Con una firma (todo lo que mis ojos ven y han visto a lo largo de cincuenta años de vida) pasa a ser de un tal Justo Villalpando. A mi nariz sube el olor del café: ya debe de estar helado. La luz del día soleado enciende las flores de la buganvilia: espléndido. La ventisca (antes fría) ahora se aprecia caldeada. El cielo azul (siempre) contrasta con mi estado de ánimo. Del cielo desciende el ruido de un motor de avión y me digo: ojalá fuera André. Suspiro. Veo el jardín por última vez y me digo: vámonos, ya es hora.

TARDE

La buganvilia (ya no me pertenece), de espaldas al sol, absorbe la sombra de esta tarde fresca de verano. El agua (muerta en la fuente): cuajada de hojas secas (la belleza siempre es breve), bichos muertos (ahogados), musgosa (negra y verde): refleja el débil resplandor que le queda a este día en el que todo parece perpetuarse en una quietud (solemne) y sin embargo todo cambia (como la tierra que gira y gira y gira). El mundo: gira siempre en torno a sí mismo y describe una órbita alrededor del sol. La ciudad: se aleja cada instante (que la memoria absorbe), cada segundo (que pasa y se va), del resplandor del sol: como nosotros, se opaca, se ensombrece. Todo se mueve y sin embargo todo parece petrificarse en este momento (eterno: ajeno al flujo del tiempo; o quizá así sea el tiempo, me digo, siempre oculto), este momento que no cesa jamás y en el que se acumula todo lo que va transformándose (el tiempo es elusivo: no nos damos cuenta y siempre está sucediendo). La fuente: agua vieja (muerta); la estatua del niño que orina (evoca la de Bruselas, ciudad que papá adoraba) fue ocupada por costras blancas y negras; en el suelo yacen todavía las monedas cobrizas (André, emulando a un señor que tiraba monedas en la fuente del jardín centenario, pedía un deseo y lanzaba las monedas dentro de la fuente de la casa). En esta fuente (ya no es nuestra) chapoteaba cuando era niña. En el jardín: suenan los ecos de las voces de mi familia, (todas las voces que pasaron por aquí) entonan un quejido elegíaco, (todas las voces fundidas) flotan en el aire fresco de esta tarde de verano. Todo lo que mis ojos ven (este montón de piedras) le pertenece a Justo Villalpando. Todo lo que mis ojos ven (mi memoria) lo pretende derribar para reedificar sobre sus escombros una casa nueva (según me dijo). Dudo que en la delegación le den permiso; aunque (como dijo) como está metido en política, nunca se sabe. (En un par de horas) vendrá a darme el anticipo y de paso le enseñará la casa a su hijita de nueve años, la casa que (orgulloso) adquirió: al menos es un tipo simpático. Y pienso: vendrán su hija y su esposa y observarán con atención lo que es suyo; registrarán con la mirada el deterioro que hace años se derramó en la casa (en sus paredes, en el suelo, en los marcos de las ventanas); determinarán en silencio todo aquello que demolerán; todo aquello que derrumbarán para erigir algo nuevo; me contemplarán como una rareza más de este montón de memoria (como los muebles, el piano, los relojes cucú); me mirarán con esa mezcla de conmiseración y formalidad que tanto deploro; me dispensarán sonrisas falsas, sonrisas dobles, sonrisas disfrazadas. Pero (me pregunto): ¿qué más da? Esta casa que mis ojos ven (me digo) ya no es mía, aunque preserve la memoria de lo que fui: mis pasos cuando niña; mi vigilancia cuando madre; los pasos de André cuando niño (este jardín lo vio crecer, caerse, levantarse); las voces todas de la familia vuelta un montón de huesos enterrados. Toda mi memoria vive en este montón de piedras: ¿y qué más da?

Todo aquí, tanto tiempo todo, y nosotros por tan poco tiempo aquí, y tanta la fuerza del tiempo para tumbarlo todo. La franja de tierra que bordea el jardín: antes arriate y ahora encarnación del abandono: aguarda húmeda (esa humedad fría que se adensa en los rincones de la casa y destila su negrura en las paredes) a que mis manos la cultiven: que la impregnen de flores de semillas de raíces de agua;

cualquier cosa que resucite su facultad para dar vida. Yo: hace mucho no pisaba este jardín; años y años sin sentarme en esta (incómoda) banca de madera corroída (enmohecida) y miraba la casa desde este ángulo. No sé por qué no puedo dejar de pensar que este ángulo es el ángulo de mi infancia. Durante años establecí una relación infantil con los objetos (que me rodean: casa, fuente, banca, jardín) y de golpe me hice adulta y me vi obligada a suplantar el infantilismo (que me inculcaron mis padres) por la responsabilidad (la vida me la destinó). Y pienso: siempre mantenemos cierta propensión a relacionarnos con el mundo de manera infantil, como si nuestro cuerpo encerrara la memoria de un significado de las cosas cuando éramos niños, completamente ajeno a las circunstancias de la edad adulta. Yo veo esta casa y comprendo la transacción que se efectuó esta mañana; comprendo el significado de la palabra propiedad (deja a ser mía y pasa a ser de otro: dinero); y sin embargo, no puedo dejar de ver esta casa (con sus paredes rojas, sus ventanas de ojos tristes, su puerta de boca aflautada) como mi casa: una casa de muñecas. Esta casa: (la dibujé infinidad de veces cuando niña en la escuela) vive perfecta en mi imaginación (infantil). Aun así mi mirada adulta me transparenta la cirugía del tiempo (las estrías en las paredes: cicatrices que los años dejan; la pintura roja deslavándose) y pienso: todos los tiempos confluyen en mi cuerpo. Todos los tiempos (me digo) desde mi nacimiento hasta este momento caben en la casa de mi cuerpo. Con una firma (¡el simple rastro de tinta negra que dejó una pluma en un papel, sí!) todo esto pasó a ser de otra persona: interrumpí la prolongación de mi familia en este espacio. Ya me da igual. Todo me da igual. Con tal de que todo esto sirva para (pagar mis deudas) y construirle una vida a André, mi memoria me da igual. Casa y memoria ya me dan igual.

La tarde: sigue cayendo; despacio (en andante siempre). Respiro el relente que la tarde olvida entre estas tapias arropadas de buganvilia; miro (desde mi patio trasero): los televisores de la hilera de casas (cada una con su memoria) extendida en esta calle rasgan la opacidad del crepúsculo con sus temblores azulados: todo el país pendiente de lo que suceda el domingo; todas las cadenas de televisión augurando (siempre) lo peor: la hecatombe que tanta riqueza les genera y que aviva el estado convulsivo que se aprecia en las calles. El país: dividido en dos despeñaderos que se asoman al mismo precipicio. La televisión de este país no es digna de ese nombre, ni de nombre alguno. Hace tanto que este país fue arrebatado por los bandoleros que pensar en política me da asco: ¿cómo es posible pensar que Justo Villalpando, perteneciendo al PRD, no vaya a votar por López Obrador? Los políticos aquí entran al partido que les dé trabajo, independientemente de ideologías o tendencias políticas. Hace mucho que prefiero fingir que la política no existe. Hace mucho también (tres meses, ahora que lo pienso) que no fumaba. Estoy placenteramente mareada. El sabor del vino y el tabaco despiertan en mí la sensación de estar haciendo algo prohibido. Mamá (vigilando siempre desde la ventana de arriba): ¿eres tú? Y luego: el sucesivo descenso, la confusión de sombras en la ventana de las escaleras, el relincho de la puerta de latón, la carrera hasta el fondo del jardín y el gesto (tan desagradable) con el que pescaba mi mano para olisquearla: ¿ya estás fumando otra vez?; le voy a decir a tu papá. Y papá: mirada cómplice cuando mamá me acusaba con él; absoluta despreocupación; regaño fingido. Yo (ahora): aquí con cincuenta años agolpados en los pliegues de mi piel y mi corazón palpita (nervioso) como si tuviera quince.

El resplandor dorado (el descenso del sol es ya inevitable) del último haz del atardecer roza (sólo) la ventana del cuarto de mamá. Qué privilegio: la última luz del día recae en su ventana. Pronto (la belleza siempre es breve) se apagará. La voz de André: se quebró cuando le conté que ya había firmado el contrato. Estás segura de que vender la casa es la mejor opción (me preguntó). Y yo (con el cuerpo estremecido todavía por la violencia de la decisión): estás seguro de que quieres abrir la tienda, ¿no?, ¿entonces? Sí (me dijo con su voz áspera); estoy seguro (todo el pasado de la familia se agolpó de pronto en su voz, me pareció). Pues ya está (le dije), no quiero que te endeudes, vender es la mejor opción. Sí. Se exasperó cuando le conté el sueño de los perros esta mañana: estás alterada por la casa, eso es todo. Tiene razón (me digo). A veces (todo lo que le pido al mundo) es alguien que me consuele. Alguien (le pido al mundo) con quien compartir los momentos difíciles. Pero el orgullo me impide abrirme al mundo: ¿cuántas personas en la escuela saben que hoy falté a dar clases porque vendí mi casa? Cuando mucho tres, de todo el plantel de profesores. Dignidad: no soportaría ver el placer sádico cristalizándose en los ojos de quienes siempre me tildaron (José, Tonantzin, María Ángeles) de "pinche riquilla". Me pregunto: ¿por qué siempre tenemos que juzgar a los demás por cualquier cosa?; ¿cómo tildarme de riquilla si llevo veinte años malviviendo de créditos? Me rehúso a concederles el placer de verme pisoteada. André: con todo lo de la tienda está demasiado atareado para brindarme su apoyo; además está la distancia de nueve mil kilómetros. Jamás reviviremos nuestro tiempo juntos.

André y yo solíamos ir a cenar los viernes a un restaurante de comida veracruzana que nos encantaba (me encanta, pero ya no voy, no quiero ir sola). Nuestros viernes juntos se dieron naturalmente al principio, pero a fuerza de repetirlos pronto se volvieron tradición. Recuerdo: el pesar me invadió cuando André me dijo que se quería mudar (con unos amigos) a un departamento al lado de la universidad. Pero si vivimos cerca de la universidad (le dije). Y él: sí mamá, pero no es lo mismo. Pregunté (recuerdo): ¿con qué dinero vamos a pagarte otra casa si ya tienes una?; es ridículo, André. Ramiro (así él siempre) me dijo que en la tienda de discos de Miguel Ángel están buscando a alguien, y me puede conectar. Yo no quería que André trabajara porque me daba miedo que una vez que empezara a ganar su dinerito abandonara sus estudios. Pienso: a esa edad sólo se piensa en el momento; pero el momento tiene consecuencias para toda la vida. No, André (le dije); no; si tanto quieres irte a vivir solo, hacemos un esfuerzo, pero no quiero que te pongas a trabajar; ya te dije mil veces que no quiero que trabajes mientras estudias; concéntrate en tus estudios, eso es lo que te va a dar de comer en el futuro. Tomé mil clases particulares más (aparte de las de la Escuela Nacional); me exprimí, y así le pude pagar los mil quinientos pesos que le costaba la habitación en los edificios espantosos de Copilco: Edificio Venezuela (recuerdo; si su abuelo estuviera vivo le da un infarto, me dije). Aquella época: aunque estuve más sola que cuando André vivía aquí en la casa, gocé viendo cómo mi hijo se independizaba y cómo nuestra relación cambiaba: fue entonces cuando surgieron las cenas de los viernes. André y yo: siempre fuimos cercanos. Pero (siento) a partir de que se fue a vivir solo, nuestra relación se estrechó más, se convirtió en una relación de adultos. Yo: estaba más apaciguada; exonerada del peso de su vida. Los viernes: rituales, confesionarios, borracheras, celebraciones: el placer de compartir. A veces André invitaba a algún amigo y bebíamos en abundancia (ya nos conocían en el restaurante: nos invitaban tequilas). Y entonces: yo me soltaba a contarles cómo era la vida en el D. F. en los años sesenta, setenta y ochenta y los dos se impresionaban o se burlaban cuando les cantaba las canciones populares del momento. Se impresionaban escuchando (por ejemplo) que mi papá nos llevaba a visitar Ciudad Satélite como quien lleva a sus hijos hoy a visitar un pueblo lejano con atractivo turístico. Fueron momentos deliciosos: rememoraba mi juventud y a través de la suya veía el mundo contemporáneo con ojos frescos. Otros rituales: cada tres domingos pasaba a recoger a André al Edificio Venezuela, se subía al coche con una bolsa grande de plástico con ropa sucia, parábamos a comer en el Sanborns y luego veníamos a la casa; mientras yo metía la ropa en la lavadora, André se tumbaba en el sofá y leía toda la tarde; a veces nos tomábamos una copa de vino o café o refresco o cerveza: así cada tercer domingo hasta las ocho o nueve que lo llevaba de regreso a Copilco. Luego (ya que lo habían aceptado en la Complutense): nuestros rituales se multiplicaron; a todas horas nos veíamos: queríamos ganarle al tiempo una batalla perdida de antemano. Así hasta que se fue. Y pienso (siento): la gran diferencia entre ser padre y ser hijo reside en que los padres registramos las etapas de crecimiento de nuestros hijos; seguimos el curso que los lleva de ser criaturas indefensas que no pueden articular palabra alguna a ser adultos con una personalidad consolidada. Los padres: asistimos al desconsolador (y al mismo tiempo tranquilizante) paso de la dependencia a la independencia; advertimos cómo el tiempo modifica a nuestros hijos mientras que para ellos nosotros permanecemos más o menos iguales hasta que llegan a la adolescencia. Recuerdo: a André lo vi cambiar tantas veces, y ¿mamá?: mamá fue siempre mamá hasta que cumplí catorce años.

Me pregunto: ¿quién seré yo para André? Acaso (pienso) el día en que Federico le dijo que yo era una suelta se le quebró la imagen idealizada que tenía de mí. Recuerdo: una vez descubrí que mamá (aparte de ser mamá) era una persona con una vida ajena a la que la sujetaba a la mía. Y recuerdo: mamá no era solo mamá: era una mujer hermosa, radiante, cuyo cuerpo despertaba miradas lascivas en los hombres que la contemplaban. Mamá: una vez la descubrí teniendo relaciones sexuales con papá. Recuerdo (aturdida; incluso ahora): la espalda y las nalgas pilosas de papá; las piernas de mamá (tenía puestos sus tacones negros) reposadas en sus hombros apuntando al techo; (recuerdo, aturdida) los movimientos agitados de las nalgas (gelatinosas) de papá; el peinado desgarbado (meciéndose) de mamá (sus senos exudados agitándose de arriba abajo). Y luego: las miradas cargadas de (vergüenza) enojo cuando me descubrieron mirándolos. Mamá: ese día descubrí que aparte de ser mamá era una mujer que rezumaba erotismo. Mamá no era sólo mamá: aquel día: y luego: comprendí que la vida de las familias se rige por acuerdos silenciosos (mentiras necesarias): mamá no era esa (la mujer de piernas abiertas alojando el pene de papá en su vagina); no: mamá era la que me llevaba al conservatorio todos los días y me sonreía al despedirse de mí; la que tocaba notas y me invitaba a adivinarlas. Cuando los descubrí yo tendría unos catorce años.

Mamá y papá y el abuelo y la abuela: la noche empieza a desplazarse hacia mí y con ella las voces de los muertos (mamá y papá y el abuelo y la abuela) que un día habitaron esta casa. Es hora de entrar (me digo); el relente se vuelca sobre mí y el señor Villalpando pronto llegará con su esposa y con su hija y el dinero en que se convirtieron estas piedras. En la cocina: dejo la copa en el lavabo, abro la llave para enjuagarla. En el corredor: avanzo atravesando las sombras; escucho el taconeo de mis pasos reverberando en las paredes. En la sala (sumida en la penumbra): enciendo la luz. El sofá aterciopelado todavía guarda el molde del cuerpo de papá: no se acomoda a mi cuerpo más bien delgado. Pienso: vivo entre objetos que nunca utilizo; fantasmagorías con memoria: me recriminan la venta de la casa. Objetos: encierran las voces de los muertos. La culpa por haber malvendido la casa me sobreviene: es pesada como los objetos de esta sala. Y qué si la malvendí (me rebelo). Y qué si transformé este montón de piedras en dinero. El dinero (me digo; le digo a los muertos) me servirá para pagar las deudas; para que André cancele el crédito del banco. Se me atraviesa un pensamiento: si lo administra bien, hasta le quedará suficiente para pagar el enganche para un departamento (pequeño; no sé) en Madrid. Qué me importa una familia vuelta espectros. Los muertos: sus ojos (sembrados de decepción) pueblan la sala. Los tiempos todos desde que se edificó esta casa hasta hoy se empinan sobre este instante; este instante carga en su lomo la historia entera de mi familia: pálidas encarnaciones me cercan; me susurran vejaciones. Yo no tengo la culpa (le digo a la Historia); la Historia se vertió sobre mí, eso es todo (les digo). Le podría haber tocado a cualquiera: me tocó a mí. Yo sólo respondo por mi hijo (les digo): respiro, finalmente. Me cambio de sofá. La angustia cede. En la sala: la densa luz del plafón dibuja un tono amarillo en las cosas. Afuera: la noche se traga la última claridad del crepúsculo de este día al que tanto temí, que llegó, y que pronto (muy pronto) acabará. Afuera: la noche le vuelve a quitar la forma a las cosas; (vuelve) a anudar todas las cosas en la masa oscura. Pronto (muy pronto) el señor Villalpando tocará la puerta. Y luego: cenaré una sopa maruchan y a dormir. Ante mí, la caja negra. Me pregunto si la música podría prodigarme las migajas de consuelo que busco. La música: la otra mitad de mi vida. La música (me digo) entraña lo que somos. Vuelvo (siempre) al piano: busco refugio. Me acerco al piano (lo abro). Respiro. En las teclas veo impresas las huellas de mis dedos (días y días pulsándolas). Abro el banco y busco (Schubert; en estos momentos el andantino de la sonata veinte) y hojeo la partitura y paso las páginas y encuentro el andantino y repaso el inicio en mi cabeza (¡qué inicio!): a esto suena la pérdida de mi casa (me digo); me aterra: la música contiene todos los secretos que ocultamos (me digo): (insisto) todo lo que somos se oculta aquí. La música desborda mi cerebro: amo (amo) amo esta pieza (me digo: amo). Todo lo que soy (somos) se condensa aquí: todo encaja aquí. Enciendo la lámpara al lado del piano. Me siento (respiro: miedo). Coloco la partitura en el atril. Tanteo los pedales (respiro). Comienzo (respiro). La música concuerda con mi estado de ánimo. Me desprendo de mí: la desprendo de mí. Respiro. Amo (amo) este andantino: amo. Me extravío. A lo lejos oigo unos nudillos (con sordina) batiendo la puerta. Sigo tocando (respiro). Baten otra vez. Ya debe estar aquí (me digo): el señor Villalpando. Respiro. Ya está aquí (me digo). Dejo el piano. Respiro.

NOCHE

El día al que tanto temí se acabó. El día (que no quise vivir) ya es ayer. Sucedió: marcado por la practicidad (venalidad) de la vida. Sucedió: marcado por las sonrisas amables (hipócritas) que flotan sobre todo negocio (vida). Pienso: cuando se intercambian grandes sumas de dinero se interpone entre las personas un muro de aparente amabilidad compuesto en realidad por la codicia. Me pregunto (preocupo) cómo André se va a desplegar en el mundo de los negocios; cómo va a negociar con proveedores, bancos, clientes. Me aterra: yo jamás podría. El dinero (bien lo sé yo): es adictivo. El dinero arranca la rapacidad que se oculta detrás de cada uno de nosotros: falta verles los ojos a los abogados, corredores, notarios, cuando brotan de las bocas (de clientes) las sumas que se van a intercambiar: ojos ávidos, próximos a la lascivia. Dinero: lascivia. Dinero: promete y nunca es suficiente. Dinero: encandila y nunca satisface. Dinero: lo es todo. Este es un mundo de lobos. El señor Villalpando (me digo) es un lobo. Detrás de cada sonrisa amable (me digo) se oculta un lobo. El señor Villalpando (lobo): al menos me deja quedarme (para que vea qué buena gente soy, señora) en la casa los tres meses que habíamos acordado. Tengo tres meses para entregarle las llaves. Tengo tres meses para erigir una nueva vida. Me digo (no me puedo deshacer de la sensación): qué raro fue tenerlo en la casa. Recuerdo: cómo registraba con esos ojos como piedras cada rincón. Su boca: preguntando qué estoy dispuesta a dejar; qué me quiero llevar. Su voluntad: no cejó ni un segundo: se empeñó en arrogarse todo lo que fuera posible (casa, muebles, cuadros: hasta el piano quería quedarse); quería embutir en el millón doscientos mil pesos que va a pagar por la casa (una casa que como mínimo vale tres millones pero que nadie, en meses y meses que estuvo ofertada, quiso pagar). Me pregunto: ¿de dónde saca tanto dinero el señor Villalpando? Me entregó el adelanto en efectivo y en dólares. Nunca he visto tantos dólares juntos. Sus ojos lo registraban todo, todo, todo, todo, todo: inyectados del arrebatamiento de haberse comprado mi casa. Su mirada: lamía las paredes; destruía con sus ojos las paredes rojas y erigía unas nuevas: blancas, modernas. Me pregunto: ¿cómo se atreve a preguntarme mi opinión sobre qué color quedaría mejor su nueva casa? Me pregunto (indignada): ¿cómo es posible que si trabaja para el PRD tenga tanto miedo a que ganen?: (a ver si no me quitan la casa estos cabrones). Pero si usted trabaja en el PRD, señor. Uno trabaja donde puede, ¿a poco usted porque da clases en la Escuela Nacional de piano metería a su hijo a estudiar ahí si tuviera opción de ponerlo en una escuela mejor?, uno trabaja donde puede y, entre nos, donde más le paguen, ¿a poco no?

En el cuarto: aquí estoy de nuevo; el cuarto que fue de André y luego mío y ahora de (Ximena) la hija de Justo Villalpando. En el marco de la ventana del cuarto: se encuadra la noche. Por la ventana: entra el resplandor de la luna. Mañana va a ser un día pesado. Los jueves siempre son pesados; pero es el día que más me gusta: al filo del fin de semana y encima las clases de interpretación: clases en las que mis alumnos y yo escarbamos posibilidades (fraseos, abordajes, intensidades) expresivas de mis piezas favoritas; clases en las que ocasionalmente un alumno (sobre todo Rodrigo, ese muchachito del Bajío con oído absoluto, ese muchachito que sin haber vivido mucho tiempo tiene un conocimiento profundo de nuestra condición) me deslumbra con la inteligencia de su interpretación: mañana toca el *Preludio en do sostenido menor* de Rajmáninov. Me pregunto: ¿por qué unos tienen talento y otros no?; me asombra la arbitrariedad del talento: Rodrigo: nunca ha ido a Alemania y vive en el siglo XXI y comprende a Schumann como poca gente que conozco. Schumann: le da voz al caos. Schumann compone su obra a partir del caos. Schumann: compone el caos que Rodrigo (a sus dieciocho años) asimila e interpreta. Pienso: Alban Berg: hurga en el vértigo; Alban Berg: musicaliza el abismo; Schönberg: su música aplica los ideales del comunismo a la jerarquía de la tonalidad; Schönberg (pienso): el Marx de la música. (Pienso) me digo: en la música todo encaja: todo tiene sentido. Me digo: la música es la materialización de nuestra percepción del tiempo. Pienso: la vida se desmorona en el abismo y de sus escombros nace la música. Por cada Justo Villalpando deberían nacer cien Rodrigo López: la música no sabe de clases. (Insisto): la música es mejor que la vida. Me pregunto: ¿qué sabe Justo Villalpando de la música que habitó en esta casa?; ¿qué sabe de las innúmeras horas que consagré a ensayar el concierto para piano de Saint-Säens con el que debuté en Bellas Artes?; ¿o del dificilísimo tercero de Rajmáninov que me deparó la beca (sólo se la daban a un extranjero cada dos años) para estudiar (con Adele Marcus: la mujer más talentosa frente al piano, pero a quien los nervios traicionaron y en su debut la empujaron a vomitarse en el teclado, salir corriendo del auditorio y no tocar en público nunca más) en Julliard?; ¿qué sabe Justo Villalpando de las delicadezas con que está tejido su espíritu? Justo Villalpando sabe de: dincro, dinero, dinero, dinero. Justo Villalpando: camisa Lacoste,

Rolex en mano: lo compra todo; incluso el pasado de mi familia.

Resulta irónico: mi familia (venida del País Vasco) erige esta casa; dura años y yo la vendo: envío el dinero de regreso a España para que mi hijo pague un crédito que un banco le concedió. Mi familia: convertida en dinero retorna al país que hace ciento sesenta años los vio partir. Las generaciones: si André así lo decide seguirán. André: sospecho que una muchachita le está moviendo el tapete. La Historia: recayó en mí y ahora recae en él: hará con ella lo que quiera: lo que pueda. Nuestra estirpe se prolongará (con la benevolencia de los cielos) de nuevo en España; y, ¿quién sabe?, tal vez un día regrese a México. Imagino: tal vez un día (¿quién sabe?), dentro de ochenta años, los nietos de André vendan la casa que él construya en Madrid y decidan afincarse en México y poner una tienda. Yo: voy a buscar un departamento asequible en un edificio de la Colonia Roma; uno de esos edificios a los cuales el terremoto del 85 perdonó la vida. (Pronto) dentro de tres meses: mi nueva vida comenzará. (Pronto) dentro de un par de semanas: (André) abrirá su tienda. (Pronto) dentro de tres meses: este será el cuarto de Ximena Villalpando. Pronto: en este cuarto una tal Ximena Villalpando estará intentando dormir (nerviosa) la noche previa a una prueba de matemáticas o geografía o ciencias sociales o español; en el cuarto de al lado sus papás se susurrarán palabras lúbricas; Justo Villalpando le hará el amor violentamente a Ximena madre y Ximena hija lo escuchará todo desde aquí a través de estas paredes, se acercará a su cuarto a espiarlos y verá las piernas de mamá en los hombros de papá; al día siguiente (en el desayuno que les preparará una india oaxaqueña vestida con un uniforme rosa) Ximena hija no dirá nada: perpetuará la mentira en la que cada familia asienta las bases de sus relaciones: todos fingirán; nadie cogerá, nadie cagará y nadie morirá; los domingos (en la iglesia); y luego: el desayuno en un restaurante rodeados de familias iguales a ellos: tal vez un día la madre de Ximena muera de una diabetes mal cuidada; tal vez un día Justo Villalpando cometa un grave error y se desbarranque en el alcohol; tal vez un día Ximena quede embarazada joven: pero no ahora. Ahora todo permanece fijo en su eterna quietud. El domingo habrá unas votaciones muy reñidas y el país cambiará para siempre: pero no ahora. Ahora la noche cuelga del cielo y el resplandor de la luna revela las manchas de mugre impresas en la hoja de la ventana; las que sólo Vicky sabía limpiar. Ahora el ciclo diario de destrucción y construcción se perpetúa una vez más. Ahora el día al que tanto temí ya acabó. Ahora André debe de estar sumergido en un sueño dulce y apacible. Yo también me voy a desvanecer en un sueño dulce y apacible. No como ayer: no habrá más perros que devoren a mi hijo. Hoy voy a dormir bien. (Apago la luz): ahora todo va a estar bien. Hoy voy a dormir bien: el día al que tanto temí ya acabó. Hoy voy a dormir bien. Ahora todo va a estar bien.

NO PERTURBARÉ TUS SUEÑOS

1.

A los seis meses de mi regreso había conseguido trabajo con Federico, trabajaba todo el día y ya estaba harto de mi trabajo. Pero no me pagaba mal, de modo que con el dinero que me reportaba pude rentar un departamento en el centro de la ciudad y llegué a establecer sin mucha dificultad una forma de vida más o menos independiente. Aun así, la idea de huir, como siempre, marcaba el ritmo de mis días. Sobre todo en esos días en que el retorno al país del partido político que había tenido la insolencia, entre múltiples asesinatos y escándalos de corrupción, de institucionalizar una revolución, era ya inexorable. El territorio donde hundí raíces durante un tiempo fue un departamento viejo que quedaba en el séptimo piso de un edificio en forma de cuña y parecía estar bañado por esa pátina de nostalgia que el tiempo muerto les concede a las cosas. El edificio había sido construido en 1935 como una manifestación de la supremacía del progreso; progreso, dicho sea de paso, cuyo brillo, una vez perdida su novedad, fue apagado del todo por el olvido que acarrearon nuevos progresos; el mismo olvido que lleva enmudeciendo la profusión de gritos de progreso a lo largo de la historia de nuestra civilización. El deterioro avanzaba sobre la superficie del edificio a ritmo acelerado: las paredes se habían poblado de costras de humedad y varios de mis vecinos habían marginado numerosos helechos marchitos al desaliento suicida en los antepechos de las ventanas. De manera que no sería exagerado figurarse que un observador hipotético, al plantarse frente a los dibujos que las grietas y las resquebrajaduras, difícilmente reversibles, habían dejado sobre su fachada, pensara que el edificio estaba en camino a desaparecer entre ruinas, o, si corría con suerte, a convertirse en el emblema de una época próspera y terminar enjaulado dentro del perímetro de una zona arqueológica, o condenado al encierro en un museo de historia. Curiosamente, en el vértice de la estructura triangular del edificio colgaba una luminosa botella de Coca-Cola que despedía destellos rojos y blancos, como si la voz del capital, a través del fulgurante parpadeo, quisiera distraer la mirada de la civilización de la estela de ruinas que el progreso va dejando en su trayecto hacia la nada. El progreso, también, había sembrado en la planta baja del edificio un cinturón de locales comerciales: aunque muy populares en sus inicios, se podría decir que estaban más bien venidos a menos. Con todo, en líneas generales, me gustaba mi departamento viejo. Me gustaba su puerta de madera, su baño de mosaicos color turquesa, su pequeña sala con una mesa cuadrada al lado de la ventana polvosa, el sofá gris que me regaló Federico, la cocina permanentemente desordenada. Me gustaban todos esos espacios en los que transcurrían mis días y que parecían fluir en un movimiento indefinido, ajeno a mí, como impulsados por una corriente silenciosa, casi imperceptible, que los arrastraba a lo largo de la historia y los volvía vestigios de una época, testimonios materiales del pasado que había existido ahí, en el mismo lugar que el presente en el que mi vida flotaba. Cada vez que me paraba a contemplar mi departamento, recuerdo, me venía la idea de que el pasado no era lineal, no estaba detrás de mí sino ahí, a mi alrededor, cohabitando con el presente, metido en ese espacio que yo habitaba y que mañana habitarían otros más. O tal vez no. No hay mucha gente que esté dispuesta a vivir en un espacio tan pequeño. En todo caso, a pesar de sus estrechas dimensiones, yo me encontraba a gusto en el departamento: en su espacio reducido había encontrado el reposo necesario para vivir al margen de la ciudad esquizoide que rugía tras las ventanas. Además, la renta no era muy cara.

Por desgracia, mi nueva condición de inquilino independiente no parecía haberles proporcionado ningún beneficio a mis hábitos nocturnos. El insomnio seguía torturándome cada noche a las tres y media de la madrugada y, a esas horas, me atacaban visiones negativas sobre mi vida, sobre todo en torno a eso que se podría definir como mi vida sentimental. Poco después de mudarme a mi departamento, las cosas con Elena (me rehúso a llamarla "Elenita" después de haberla penetrado por el ano), tan bien en un principio, empezaron a deteriorarse de forma acelerada. Al grado que, cuando me insinuaba por la noche que se quedaría a dormir en mi casa, me llenaba de disgusto y buscaba la manera de disuadirla: "Si quieres quédate, pero no tengo toallas"; o (cuando estaba inspirado) le decía: "Claro, quédate, quédate, pero acuérdate de que eres alérgica a Matías". Prefería que me visitara los fines de semana. Ahí sí disfrutaba. Disfrutaba sobre todo de su cariño, y disfrutaba también, para qué mentir, desfogando el deseo sexual que se me había acumulado en el cuerpo a lo largo de una semana entera de estar viendo a mujeres listas para procrear por todos lados. Pero tener que compartir mi intimidad profunda con ella un lunes o un martes, sin que ella pudiera dispensarme nada que no fuera su muda compañía, me exacerbaba. Además, ninguna de las dos o tres noches que Elena pasaba en mi casa dormía bien (lo que en mi caso quiere decir que no dormía absolutamente nada), y lo que es peor, mi comportamiento frío y evasivo me hacía sentir culpable. Las cosas mejoraban un poco cuando yo la visitaba en su casa. Platicábamos o veíamos una película, copulábamos, y una vez resuelta la cópula, regresaba feliz a mi casa para sacar a pasear a Matías. Siento que Elena estaba bien como una interrupción del tedioso engranaje que trababa semana con semana la cadena de mi vida; estaba bien verla uno o dos días, pero no más. No había nada más que el sexo que nos uniera. Era extraño. Era como si la confianza con la que nuestros cuerpos se entregaban al sexo jamás se hubiese extendido al resto de nuestra relación, como si el placer que nos proporcionábamos corporalmente se consumiera a sí mismo. Nuestro deseo, naturalmente, se alimentaba de fantasías que se disolvían tan pronto como se materializaban. Era como un espejo que nos devolvía el reflejo de una alucinación sexual materializada. Si el deseo es un espejo, entonces el amor es una ventana que se asoma a lo desconocido; una ventana que nos incita a arrojarnos al vacío. Por eso el amor duele tanto y es tan privativo, mientras que el deseo, cuando se consume se agota, y si se agota con alguien, tan solo se cambia de depositario y se despierta nuevamente. En el deseo nos buscamos a nosotros mismos mientras que en el amor buscamos al otro. Pero esto, claro, como todo lo demás, lo aprendí demasiado tarde.

Unos meses después me enteré de que Elena se había hecho cristiana evangélica. Lo supe porque vino a mi departamento para intentar convencerme de que me incorporara a su iglesia. Hasta me regaló una biblia dedicada. Cuando le dije que no era lo mío, que jamás había buscado a dios, ella me dijo:

– No eres tú quien busca al señor, André, sino que el señor te busca a ti para abrigarte con su amor y su calor, como te está buscando ahora a través de mí. Desde que tú y yo estábamos juntos, el señor ya me estaba iluminando a través de ti.

Me quedé perplejo y le pregunté por qué si el señor la había iluminado cuando estábamos juntos, todavía tardó tanto tiempo en "recibir a Jesús". Ella me respondió sin vacilar, con la sumisión más honda que he visto en una persona:

– Primero tuve que hundirme en la oscuridad André, perderme, como bien sabes, en el abismo de la lascivia y la enfermedad espiritual para comprender que el Señor, con su cálida y brillante mirada, con su amor eterno, estaba allanando el camino que después alumbraría para conducirme hasta su corazón.

Nunca más volvimos a hablar.

Ahora que lo pienso, esa primera etapa de mi regreso a "la cloaca", emerge en el decurso de mi vida como una etapa de transición, y si bien es verdad que estaba abismado en la pesadumbre que me imponía el desmoronamiento de mi vida anterior, y que estaba encadenado al recuerdo de Hélène (del que, por otra parte, jamás me he podido desprender), también es verdad que me sostuvo la esperanza de forjarme un nuevo porvenir. Una esperanza, por supuesto, cargada de escepticismo, puesto que ¿qué esperanza nos queda cuando todo lo que erigimos se desmorona? Era una esperanza desencantada, apenas un aliento cálido que soplaba detrás de mí y me movía con lentitud a buscar mi salvación. Un anhelo vago que me incitaba a descombrar las ruinas de mi pasado, a inventarme alguna nueva ilusión que me arrancara de la desesperación que envolvía mis días y me permitiera continuar viviendo. Y como Venus nace de la espuma del mar, esa ilusión nació de la espuma del nombre de mi antigua novia y cobró forma en un nuevo cuerpo: Elena. Elena surgió de la estela espumosa que Hélène dejó en mi vida. Y cada vez que pienso en esto, la culpa me invade al advertir el proceso de deshumanización al que la sometí a causa de mi anhelo por revertir a mi vida pasada.

En materia sentimental, mi madre tuvo más suerte que yo. Inició una relación con David, el dueño del taller mecánico que le había llevado flores el día de las madres y, por suerte, su atención se desvió de mi vida y apunto hacia la suya. Los días de David, recuerdo, giraban en torno a rellenar los huecos abiertos en la agenda de mi madre con actividades ocurrentes, algunas ciertamente insólitas, sobre todo para ella, quien, a pesar de su vasta cultura, a causa de las exigencias de su profesión, había vivido la mayor parte de su vida adulta con los dedos encadenados a un piano y los ojos, del mismo modo que un caballo de carreras con anteojeras, clavados en las frases musicales que se derramaban como pelotitas bailando sobre el papel pautado. Al menos una vez por semana David sonsacaba a mi madre para que dejara su trabajo de lado durante un rato. Y si ella transigía, ambos, embargados tanto por el júbilo como la extrañeza de remontarse a un estado de predisposición a la aventura habitual durante la juventud, pero interrumpido al cruzar el umbral de la etapa adulta, iban a lugares a poco frecuentes para ellos. Así habían ido al hipódromo, al futbol, a una corrida de toros –donde mi madre se había horrorizado–, a comer helados y a ver patinaje artístico. También visitaron pueblos coloniales y fueron al teatro y al ballet. Una vez, incluso, fueron a las carreras de coches para que David, embriagándose con los efluvios que emanaban las llantas quemadas y trepaban la tribuna hasta acurrucarse en su nariz, siguiera con alborozo las vueltas de los coches alrededor de la pista. Según él, no había "música más bella en esta tierra" que el ronroneo, en cadencioso ascenso y descenso conforme se aproximaba o se alejaba del lugar desde donde se lo escuchaba, que emitían los motores de los coches de carreras. Al sentir el filo de esta "vulgar" idea de la música incidiendo en su organismo, mi madre razonó que sería mejor no presentarle a ninguno de sus amigos músicos. Su relación se enfrió, o se equilibró, según se vea, durante los días en que mi madre empezó a volcarse en la preparación de su concierto de despedida. Creo que David nunca entendió del todo la razón que conducía a mi madre a dedicarle tantas horas a una actividad tan mal pagada.

2.

Cuando no estaba escribiendo tarjetas de felicitación o supervisando el funcionamiento de la empresa si Federico estaba de viaje, yo vivía para Matías, mi perro, y era feliz así. He reflexionado mucho sobre el cariño que sentía hacia él. Creo que a veces ocurre que las personas encontramos en los perros un cuerpo en el que podemos depositar toda la ternura y bondad que entrañamos, ternura y bondad que, salvo en contadas excepciones, no somos capaces de verter sobre las personas cercanas a nosotros. En la infancia sí, en la infancia somos capaces de todo lo relativo a la manifestación de nuestras emociones; pero, a medida que crecemos, la ternura y la bondad se subvierten, se tornan heridas. Y las heridas que la experiencia va olvidando en nuestros cuerpos se profundizan, se expanden bajo nuestra piel y nos obligan a escondernos detrás de una máscara de impasibilidad. Acosados por el miedo de que se aprovechen de la debilidad que surge con la exhibición de nuestra bondad, mostramos una apariencia de dureza. Es el dolor que hemos padecido por exponernos ante los demás, el miedo a volver a sufrirlo, lo que nos vuelve hoscos. Los perros carecen de esa característica puramente humana de esforzarse por degradar a los demás. Me resulta inevitable recordar cómo Adolf Hitler, resuelto a suicidarse ante el cerco ruso, pero desconfiado de la eficacia de las cápsulas de cianuro que le había proporcionado su médico, decidió comprobar su efectividad suministrándoselas a Blondi, su perra pastor alemán. Cuando esta murió, al cabo de pocos segundos, el sanguinario *führer* (sí, el hombre responsable de una de las peores carnicerías humanas de la historia) rompió en un llanto incontenible y durante un buen rato sollozó inconsolablemente: la muerte de su perra le acarreó la tristeza que no fue capaz de sentir por la muerte de los casi seis millones de judíos exterminados por los nazis. Sin su bondad hacia Blondi, Hitler jamás habría podido vivir. Necesitaba un depositario de la ternura que entrañaba para contrarrestar la dureza y crueldad que predominaban en su vida. Arthur Schopenhauer desarrolló su ideario pesimista en el que arroja invectivas contra la humanidad entera abrazado a sus dos *poodles*, Atma y Butz. ¿Qué sería del hombre sin un perro al cual aferrarse mientras avanza por el mundo lanzando miradas de desprecio y desconfianza a sus semejantes? Sin Blondi, Hitler habría intentado aniquilar no sólo a los todos los judíos del mundo sino a la humanidad entera y Schopenhauer, después de escribir la última frase del *Mundo como voluntad y representación* se habría pegado un tiro. Sin la sabiduría y nobleza de los perros, creo que a estas alturas yo también me habría pegado un tiro. Para acabar con la desgracia humana habría que poblar el mundo de perros.

Yo llevaba a Matías conmigo a todos lados. Era mi compañero en mis raras excursiones más allá de la puerta de mi departamento. Una vez al mes, sin falta, íbamos al cementerio y le llevábamos flores a Amparito: crisantemos, gardenias y nardos, sobre todo nardos; flores en cuyo olor se impregnaría por siempre la totalidad de las experiencias que habíamos vivido en esa época: pensamientos, recuerdos, sensaciones e imágenes que rebrotarían al instante en mi mente, en un futuro (en una florería o en un parque), con la simple aspiración fortuita de aquella extraña y embriagadora fragancia. Tal vez todas las vivencias de nuestra civilización se puedan contener dentro de un sencillo olor que nadie ha descubierto aún; pero si alguien fuera capaz de encontrar ese olor en algún lugar recóndito de la tierra, estallaría dentro de él todo lo ocurrido a través de los tiempos. Y todas las guerras, los amores, las muertes, los odios, las ambiciones, las pequeñas vidas, renacerían al instante en su memoria de manera omnímoda y desbalagada, como los objetos que sobrevuelan las ciudades cuando son arrebatados por un ciclón; ¿podría resistir un único individuo el peso total de nuestra atribulada historia dentro de su cuerpo?

En el cementerio, recuerdo, siempre reanudaba el mismo ritual: pasaba la mano por encima de la tumba de Amparito para despojarla de los pétalos marchitos, la tierra y el polvo acumulados durante mi ausencia; una vez limpia, depositaba con delicadeza el chorreante manojo de flores frescas que le había traído y, al lado de Matías, permanecía de pie en silencio durante uno o dos minutos, con las manos cruzadas detrás de la espalda en señal de respeto, persistiendo en recordar la voz de la anciana, su mirada preñada de añoranza, el tono íntimo y confidencial de las palabras prodigadas con sabiduría insondable aquel jueves de tormenta, o la despedida articulada con devastadora presciencia: "No hijo, no cierres la ventana, quiero escuchar cómo el viento rompe las cosas". Una nube de preguntas pendía sobre mí cada vez que, resuelto a consumar mis visitas como si fueran una encomienda divina, me plantaba ante la tumba de la anciana: ¿por qué me había elegido justamente a mí para, como decía, "vivir sepultada bajo su piel"? ¿Por qué no había elegido a cualquier otro vecino de las decenas que subían y bajaban las escaleras del edificio de mi madre? ¿O a sus sobrinas? ¿Por qué, precisamente, a *mí*? ¿Había sido, tal vez, para que me hiciera cargo de Matías? Y si era así, ¿por qué, precisamente, *yo* y no *otro*? Tal vez esa sea la pregunta fundamental que todos encerramos al enfrentarnos a las circunstancias que nos depara la fortuna, pero para la que jamás obtendremos una respuesta adecuada: ¿por qué, precisamente, *yo* y no *otro*? ¿Hay algún sentido en que una circunstancia me ocurra a *mí* y no a *alguien más*? Cuando hundía mi mirada en la tierra herbosa, recuerdo, que cubría todo aquel reguero de huesos y cenizas, conjeturaba que el nacer, el morir, y todo lo que ocurría entremedio en el mundo de los fenómenos, se integraba dentro de una cadencia natural y permanente en la que todo, como si fuera una gran sinfonía, formaba parte de una composición invariable y armónica. Pero, considerando que esa conjetura fuera posible, ¿qué ponía en movimiento las interacciones que tramaba esa gran sinfonía? ¿Había algo inmaterial que regía los movimientos de esa composición y que se manifestaba únicamente a través de la materia? ¿O era la materia soberana y creaba sus propias leyes desprovistas de cualquier indicio que nos permitiera concebirlas en términos humanos? ¿Podía ser que el dios de Elena, siguiendo la hipótesis de que existiera algo semejante, o cualquier fenómeno que pautara el orden natural de las cosas, fuera intrínsecamente *toda* esa materia en perpetuo movimiento que se despliega a nuestro alrededor y *nada más*? ¿No hay nada *más allá* del *mundo material* que se extiende ante nosotros, algo que trascienda la *materialidad* de los fenómenos congregados en nuestro mundo? ¿Es, entonces, *lo inmaterial* una pura invención del lenguaje, es decir, de nuestra *materia*? Y si ese es el caso, ¿qué había antes de que empezara la *materia*? ¿Qué había antes del *Big Bang*, antes de la gran explosión que suscitó la expansión del universo? ¿Qué quedaría de la materia si ocurriera el *Big Crunch*, si la teoría de la gran implosión fuera cierta y el universo empezara a contraerse hasta volver al origen? La nada, claro. Siempre la nada de la que venimos y la nada hacia donde nos dirigimos. La vida parece ser un puente entre dos nadas. ¿Pero cómo se supone que podamos tolerar que nuestra muerte y la de nuestros seres queridos sean un simple movimiento orgánico hacia la nada, una mera disolución de la materia, y que nuestras vidas sean un simple adorno musical sin ninguna repercusión en la composición de un prolijo universo sinfónico? ¿Cómo tolerar que conceptos como *muerte* o *vida* tan sólo tengan sentido dentro de los límites de nuestro lenguaje? Preguntas, preguntas, preguntas.

Otro día, recuerdo, durante uno de mis paseos tropecé con las mismas preguntas acerca del sentido (o el sinsentido) de las cosas que nos ocurren. Me había resuelto a realizar una excursión diferente y decidí visitar la calle donde había estado la casa de mi abuelo. Y, por supuesto, llevé a Matías conmigo. Recuerdo que mientras caminaba por la calle donde había vivido durante tantos años, me rondó la pregunta de por qué me habían ocurrido justo a mí tantas desgracias a lo largo de los últimos años y si los episodios que me acaecieron tenían algún significado. Como no obtuve respuesta, caminé en silencio y sentí una añoranza profunda hacia mi madre, pero no hacia mi madre de ahora, sino hacia la mujer que cuando yo tenía trece o catorce años me podía proteger de todo mal imaginable. ¿Podía mi madre protegerme del silencio infinito del universo? En esos días en que mi madre me podía proteger de todo mal, recuerdo, yo solía regresar de la escuela con la cabeza llena de geografía y matemáticas, y me regocijaba escuchando cómo ella ensayaba o daba clases en la sala. A veces, cuando salía a jugar futbol en el jardín (usaba la fuente como barrera para mis tiros libres), escuchaba también cómo Anita y

Olivia, las gemelas por las que sentía una pasión desbocada, a quienes les escribí mi primer (y pésimo) poema, jugaban en el jardín de la casa de al lado. Mientras caminaba por la calle y me acercaba a la casa del abuelo junto a Matías, todas esas memorias, como si habitaran los muros de las casas viejas en esa calle, me surgían fragmentadas. Y ese tránsito en busca de mi origen trajo aparejada una horrible sensación de fracaso. Todos los sueños que había tejido en esa calle, desde ser futbolista, poeta, arquitecto, sociólogo, investigador, hasta abrir una tienda en Madrid y formar una familia, desfilaron de nuevo ante mí. ¿Y qué había logrado? Había regresado con las manos vacías, una pequeña maleta azul, un par de anécdotas, un par de esperanzas renovadas que terminarían en la nada, y un cadáver de memorias atado al cuerpo. La casa de mi abuelo, acercándose a mí, había sido derribada y en su lugar habían edificado una casa blanca de estilo minimalista. Mi madre me lo había mencionado, pero verlo con mis propios ojos me produjo una impresión desagradable. Era bonita, la nueva casa. Y al menos no habían tumbado la jacaranda. Recordé que había sido ahí mismo, debajo de la jacaranda, donde solía esperar a que mi madre sacara el carro del garaje para llevarme al futbol. En ese preciso lugar me plantaba cada martes y jueves para esperar, y contemplaba el movimiento de las ramas cubiertas de flores azules y violetas recortadas contra el cielo. Eso era lo que había querido evitar desde mi regreso a la ciudad: la emoción, la culpa, el vacío de la pérdida y la naturaleza utópica del retorno. Pensé que ese árbol era lo único que quedaba de mi pasado. Lo único, a fin de cuentas, me ligaba a esa ciudad. Me abrumó la conjetura de que la casa había sido derribada por mi incapacidad para soportar el peso del mundo sobre los hombros. Ahí estaba mi origen y en mi origen no había nada. Y en mi futuro tampoco parecía haber nada porque, claro, no podía haber más que nada. Toda mi vida apuntaba a regresar a un estadio de plenitud y abandono imposibles. Sólo quería dirigirme al único horizonte inalcanzable: el retorno al vientre materno. Y como no pude consumar la utopía del retorno me dediqué a sobrevivir.

Poco después me di cuenta de que lo único que podía hacer, y quizá lo único que debía hacer, era eso mismo, sobrevivir. Se me reveló de pronto que ese lento camino hacia la muerte intentando eludirla, ese juego procaz de vivir ocultando la incesante presencia de la muerte, al final era el único propósito de la vida. Al menos de mi vida. Jugar el juego de la vida consistía, para mí, en nunca mencionar que la vida era un juego que en realidad le pertenecía a la muerte. Y mientras la muerte nos va enroscando con su baba negra, el ansia por regresar al origen siempre se vuelve a despertar. Pero esa utopía del retorno, lo sé ahora, nunca puede consumarse. El camino hacia el origen sólo se puede realizar en el territorio oscuro y alucinado de la irrealidad.

3.
El primer aniversario de la muerte de Hélène coincidió con el último concierto de mi madre. La noche anterior al concierto fui a su casa después del ensayo general para desearle suerte. Yo seguía envuelto en una sensación de extrañeza y buscaba algo a lo que asirme. Un vínculo con el mundo que me rodeaba. Después de haber visitado la calle donde había estado la casa de mi abuelo, me había sobrevenido la sensación de que no tenía raíces, o que se habían desgajado del suelo que pisaba y mi movimiento en el mundo se transformaba en un ir y venir errático. Sentía que mi vida carecía de ataduras, y en vez de disfrutar de esa libertad recién encontrada, mi nueva condición de hombre sin raíces me provocaba vértigo. Me serví un whisky cargado en el vaso del abuelo y mi madre abrió una botella de vino. Cuando David se fue a su casa, yo ya había caído bajo la influencia del alcohol, de modo que me armé de valor y me dispuse a interrogar a mi madre acerca de mi pasado. Naturalmente, la conversación derivó hacia mi padre. Habíamos hablado muchas veces de cómo él y mi madre habían acabado acostándose tras la última representación del segundo concierto de Saint-Säens. Incluso mi madre me había leído las cartas y las postales que él y ella se habían enviado durante su embarazo. Aun así, entre nosotros se había instaurado un pacto de silencio nunca declarado. Es cierto que mi madre siempre se había mostrado comprensiva y respondía todas mis preguntas en torno a mi padre, pero lo hacía

como si cumpliera con una obligación que su posición de madre soltera le exigía. Me daba la impresión de que cada vez que el tema de mi padre asomaba en una conversación, una clase especial de incomodidad la invadía y que en el fondo guardaba la secreta la esperanza de que fuera la última vez que hablábamos del asunto.

Esa noche no fue diferente. Entre cajas, olores de ropa vieja, polvo, vestigios, a fin de cuentas, de mi origen, mi madre configuró un mapa de mi pasado con los objetos que el flujo del tiempo había dejado. Sacó una caja de cartón en la que se inscribía mi nombre con un marcador negro y, como si quisiera cerrar el tema para siempre, me dijo:

– Aquí está todo lo que tengo. Quédatelo. Es tuyo.

Yo le di un trago a mi whisky y vi dentro de la caja el puñado de cartas, fotos, mapas de museos y programas de mano. En el aire quedó flotando un silencio incómodo.

– Gracias. En la casa los veo con calma.

– Sí, sí, quédatelos. Son tuyos –repitió mi madre y se fue hacia el baño.

Yo me puse a husmear los contenidos de la caja. De un rincón extraje una fotografía vieja, a color, con los bordes doblados y en su extremo superior derecho, el medio círculo que había dibujado una taza de café. En la fotografía mi madre estaba sentada en un sofá y miraba fijamente a la cámara. El pelo le llegaba a la altura de los hombros. Su cara, bonita y lisa, mostraba una sonrisa tímida y, en líneas generales, sugería cierta inseguridad. El brazo de mi padre le rodeaba el cuello. Entre los dedos de su mano derecha había un cigarro del que brotaban hilos de humo. El cuerpo de mi padre, unido al de mi madre, era delgado, como el mío. Su cara, huesuda, de pómulos salientes y nariz aguileña, era muy parecida a mi cara, pero a diferencia de la mía, estaba enmarcada en una barba arreglada. Vestía bien: un tweed café, encima de un cuello de tortuga verde. Mi padre le lanzaba una mirada desafiante a la cámara, tal vez intensificada por el efecto que producía su mentón levantado. No era la primera vez que yo veía la fotografía, pero esa noche, no sé por qué, me impresionó de una manera especial. Reconocía el lugar donde había sido tomada. Era el camerino que siempre le asignaban a mi madre. Según unos números que estaban apuntados con tinta verde en la parte posterior, la fotografía databa del 79, el año anterior a mi nacimiento. No dije nada, pero asumí que mi vida posiblemente había sido concebida esa misma noche. Conforme mi madre regresaba del baño volteé a verla. Mi vida, pensé, recuerdo, empezó en su cuerpo esa noche y se arrastró, sin saber muy bien cómo, primero dentro de ella y luego por el mundo, hasta ese momento en que sujetaba la foto. Se me formó la idea de que todas las líneas imaginarias que traza el tiempo convergían en ese instante. Me esforcé por aunar la cara lisa de la muchacha en la foto con la cara cansada de la señora madura que se acercaba hacia mí. Treinta y tres años se acumulaban entre las dos. Mamá, me daba cuenta, estaba envejeciendo. En ese momento me pareció que la vejez era un largo proceso que se condensaba en una imagen, esa imagen que yo tenía delante. Un día, como cualquier otro, de golpe, percibimos que hemos saltado a la vejez. Nunca se lo confesé, pero ahí, en su sala, notando la distancia que se imponía entre la muchacha de la fotografía y la señora madura que caminaba hacia mí y que daría su último concierto al día siguiente, comprendí que no había vuelta atrás. Múltiples sucesos, entre ellos mi aparición en el mundo, dibujaban la línea imaginaria entre la noche en que debutó como pianista y la noche en que iba a dar su último concierto.

Mi madre había saltado a la vejez. Y era un salto inexorable.

Al sentir la manera en que me miraba, comprendí también que la vida se consuma con la procreación. Incluso una vida tan inútil como la mía facilitaba el tránsito hacia el sueño de eternidad. Si mi madre irradiaba una sensación de obra acabada era porque sabía que su vida se prolongaría en la mía. Oculté la foto en la caja y cambié de tema. Mamá fingió no haber notado nada y reinstauramos otra vez nuestro pacto de silencio. Esa vez fue definitivo. La conversación, a partir de ese instante, giró en torno a episodios anodinos, como si ambos, al sentir el aire pegajoso del pasado fluyendo hacia nosotros, hubieramos querido huir de nuestra historia, de todo lo irrecuperable que nos precedía. Cuando me terminé el cuarto whisky, miré el reloj que le había regalado a mi madre, recordé que todavía tenía que sacar a pasear a Matías, llamé a un taxi y me fui de la casa de mi madre con la caja que contenía una parte importante de mi historia material.

4.

Unas horas antes del concierto, recuerdo, Elena me escribió avisándome que no podía venir y yo tomé su ausencia como una señal de nuestra inevitable separación. No estaba triste. Al contrario, pese al sentimiento de culpa que me arrojaba mi incapacidad para verla como algo más que un objeto sexual, no tener que estar al pendiente de ella me permitió disfrutar enormemente de la música. Mi recorrido interior, al derivar en la música de Schubert, se fundió con el recorrido del viajero que atraviesa el invierno tras haber sido abandonado por su novia. Fue como si el vacío que Elena empezaba a dejar en mi vida se llenara, de pronto, con el reflejo de la travesía del viajero; como si mi cuerpo fuera el terreno nevado, surcado de ríos congelados, sobre el que el viajero, alumbrado por esa música mirífica, desgarradora, envuelto en la ventisca helada, errara sin rumbo.

Las obras de arte, me doy cuenta ahora, para revelarnos toda su naturaleza, sus atributos, tienen que coincidir con quien las contempla en un momento oportuno. Somos nosotros los que tenemos que hacer el tránsito hacia la obra de arte y no la obra de arte hacia nosotros. La obra siempre está ahí, fija, a la espera de que nos sumerjamos en ella. Yo había escuchado ese ciclo infinidad de veces a lo largo de mi vida, y su música jamás había rebasado los límites del juego formal, ni me había arrastrado por completo en su movimiento infinito, trepidante, como lo hizo esa noche de otoño, cuyo impacto sigue resonando en mi vida hasta ahora. Más adelante mi madre me confesó que había elegido ese ciclo para cerrar su carrera, además de por ser uno de sus favoritos, porque el vacío en que me veía cautivo, la errancia sin rumbo por el mundo en que me veía preso, le despertaron asociaciones con el viajero del *Winterreise*. Mi madre creía que el arte era un reflejo transfigurado de la vida que nos ayudaba a comprenderla mejor. Su visión artística la había guiado a indagar en lo que me pasaba a través de la música. Era su forma de explorar la realidad que la englobaba. El concierto, según me comentó, había sido tan sólo una muestra del resultado de una exploración mucho más profunda; su aspiración era descorrer el velo de todo lo que había comprendido, pero jamás sabría qué tanto había logrado transmitir. En el teatro, recuerdo, me asombró asimilar que el insondable periplo que realizaban las personas a mi lado dentro de sí mismas, recorriendo su propio invierno, estaba impulsado por la música que un hombre igual a nosotros había compuesto ciento ochentaicinco años atrás y que ahora, una mujer y un hombre delante de nosotros, invocaban con su interpretación. La música traza un mapa para llegar al centro de nuestro estar en el mundo. Explora nuestra relación con la realidad de modo supremo y la revela. Una experiencia extraña, la experiencia estética. Uno abre una puerta en la realidad empírica y la abandona para adentrarse en el seno de la verdad. ¿Y cuál es esa *verdad* que la música revela? Todo lo que fluye simultáneamente dentro del caótico acontecer. La materia, las apariencias, pero también las reflexiones, las emociones, los sueños, las sensaciones, las visiones: la multiplicidad del acontecer. La multiplicidad del acontecer sólo se puede hacer visible en las obras de arte.

Cuando el concierto acabó fui al camerino de mi madre para regalarle unas flores que le había comprado y una tarjeta de felicitación que me robé de mi trabajo. Mamá leía la tarjeta y sus ojos, como me lo imaginaba, se humedecían, pero, obedeciendo a un movimiento mecánico, se los enjugaba a intervalos precisos antes de que se transformaran en lágrimas. Era una tarjeta emotiva; me había esforzado en reproducir, en un párrafo, mi agradecimiento hacia ella por haberme criado sola, mi admiración hacia su vida, y le extendía mi elogio hasta su carrera como pianista. Después de que me abrazó agradeciéndome el detalle, le dije que no me sentía con ánimos de ir a la cena que tenían planeada para celebrar el concierto. Por educación aludí al cansancio. No pareció importarle mi ausencia a mi madre. Estaba feliz de que hubiera podido asistir al concierto. Me preguntó si quería que cancelara la cena para que cenáramos solos. Le dije que no, no hacía falta, claro que no, tenía que ir a celebrar con todo el equipo de producción: era una gran noche. Nos abrazamos otra vez y marcamos el día siguiente para ir a comer.

– Llévate un paraguas, aunque sea –me dijo.

– No, gracias –sonreí–. Siempre los pierdo, acuérdate –reímos–. Felicítame a Lenny. Qué voz tiene. Pídele disculpas de mi parte por no ir a la cena. Toma. Le escribí una tarjeta también. Dile que antes de que se vaya me despido de él, seguro.

– Gracias, yo le digo. Bueno, te cuidas, mi cielo –dijo mi madre, acompañándome a la puerta.

Asentí y salí.

5.
En la calle que bordeaba el teatro caía una lluvia pertinaz y uniforme. Un sonido desgarrado se extendía por la ciudad. Yo prolongaba mi caminata sin rumbo, únicamente guiado por el placer de pisotear los charcos, por el arrobo de estar solo. Deambulé por las calles peatonales del centro sin pensar en nada. Cuando la lluvia arreció, me metí en un restaurante para cenar algo. Todavía estaba cargado de música y un poco exaltado. Nada más entrar, me pedí una cerveza oscura.

El restaurante era un pequeño rectángulo cebado por la misma luz blanca que ilumina todos los locales pobres de este mundo. Sólo había dos clientes, una pareja que se besuqueaba sin ninguna pudicia y sin ningún sentido del decoro. Al menos habían tenido la decencia de sentarse a una mesa en un rincón. Me repugnó la demostración de la lascivia, por lo que cuando el mesero me ofreció el menú para cenar, opté por no comer nada. Me había sentado en una de esas sillas naranjas con forro de plástico transparente y brillante que hay en tantos restaurantes baratos de "la cloaca". Mi mesa estaba al otro extremo de la pareja de lujuriosos, al lado de un ventanal grande en el que el nombre del restaurante estaba grabado en mayúsculas rojas y descarapeladas. Pese a todo, me sentí cómodo en la mesa que elegí, sobre todo porque desde ahí podía observar el movimiento en la calle y así apartar la mirada de los besos y los toqueteos de los lujuriosos. No mucha gente subía ni bajaba la callejuela, pero los que lo hacían se cubrían la cabeza con periódicos o revistas. Por alguna razón, nadie que pasaba por ahí tenía paraguas. La callejuela era deslucida, estrecha y torcida, parecida a una fisura en una pared. Daba la impresión de que su finalidad dentro de la traza de la ciudad era permitir que las actividades ilícitas se llevaran a cabo sin incomodar a nadie. Los edificios a ambos lados de la callejuela estaban atados por un barullo de cables de electricidad. Sobre el suelo mojado, una farola parpadeante encendía reflejos lustrosos y, en los charcos que asomaban por todos lados, la caída pareja de la lluvia propiciaba múltiples estallidos y rebotes de agua luminosa. A lo lejos vi que un muro ruinoso remataba la callejuela y a su espalda sobresalía la cúpula de una bonita iglesia barroca. Al otro lado de mi ventana, el débil resplandor de la farola parpadeante iluminaba una pared verde esmeralda con una puerta de madera de donde escapaba, cada tanto, una luz sucia y jadeante. Un hombre visiblemente ebrio entró al edificio lanzando miradas suspicaces a izquierda y derecha. Al poco tiempo pedí mi segunda cerveza.

Mientras tomaba mi cerveza decidí que era el momento de cerrar el círculo. De una pequeña mochila que había comprado hacía un par de semanas extraje el libro que me había regalado Hélène por mi cumpleaños, unos años atrás. No me lo dedicó sino hasta nuestro primer aniversario de novios. Me había prometido a mí mismo leer otra vez la dedicatoria que me había escrito Hélène esa noche, cuando dieran las doce y se cumpliera un año justo de su fallecimiento. Se trataba de un ritual que, como si a través de la repetición cíclica de su ejecución consiguiera invocarla una vez por año, me había autoimpuesto:

A mi galletita,

Te escribo esta dedicatoria muchos meses después de que recibiste este libro (ya lo sé, soy terrible), pero te lo estoy dedicando en un día muy especial: hoy hace un año justo que estamos juntos, ¿te acuerdas? Me siento muy afortunada y agradecida por haberte conocido. Estoy tan feliz contigo que a veces me da pánico pensar que estoy soñando, porque nadie puede ser tan feliz en el amor. Cuando ves a la gente a tu alrededor, parece imposible que alguien pueda vivir el amor como lo vivimos tú y yo. Aun así, tú y yo lo vivimos. No creo que puedas ser realmente feliz en la vida, pero creo que puedes ser feliz en el amor porque yo así me siento. Cada día, cada hora, me siento más enamorada y más cercana a ti y más moldeada por ti; es imposible imaginar una existencia sin ti y cada día que pasa esto se vuelve más real.

La montaña mágica es un libro que me cambió profundamente y no podía esperar a compartirlo contigo. Confrontando la muerte, confrontamos la vida; este libro saca toda la maravilla y el misterio y la desesperación y la contrariedad de la vida a la superficie y sé que "gobernar" junto a Hans Castorp es algo que vas a disfrutar tanto como yo disfruté. Espero que disfrutes de cada momento que pases en La montaña mágica y que se quede contigo mucho tiempo después de que termines de leerlo.

Te amo con todo lo que tengo,
Hélène

Había leído la dedicatoria en múltiples ocasiones, pero todavía no me animaba a acometer las mil páginas del libro. Tal vez ahora sería un buen momento. De esa forma, a través de la lectura, podría sentir a Hélène más cerca al ver la vida a través del prisma desde el cual ella la había visto. Pedí la cuenta.

Sobre la mesa blanca, coloqué dinero suficiente para las cervezas que me había tomado y dejé un poco de propina. Le pregunté a uno de los meseros dónde había un cajero. Cerciorándome de que nadie me había seguido, saqué dinero de mi cuenta corriente. Me dirigía de regreso a la callejuela cuando la iglesia barroca medio en ruinas atrajo mi atención. Estaba abandonada. Probablemente la tuvieron que abandonar por falta de recursos económicos. Entre las grietas de la fachada crecía la hierba, esa misma hierba, pensé, recuerdo, que un día crecerá sobre mi cuerpo muerto. Me acerqué al portón siguiendo un caminillo que se abría entre la maleza. Empujé la puerta que daba a la nave central. La luz de la calle entraba filtrada por una vidriera rota. No había reclinatorios, ni altares, ni retablos. Solo el espacio vacío envuelto en esa piedra mohosa, en esas paredes que exhalaban un olor a humedad fría. En silencio caminé con lentitud por la iglesia, escuchando cómo mis pasos reverberaban. Al fondo, unos vagabundos dormían envueltos en cajas de cartón. Eran niños. Salí procurando no despertarlos.

Toqué tres veces la puerta de madera de donde escapaba la luz sucia y jadeante. Nadie abrió. Cuando la idea de que todo no era más que una locura me vino a la mente y me disponía a irme, una mujer de unos sesenta años, con mucho maquillaje en la cara, abrió la puerta del edificio verde. Al verme me sonrió con los labios rojos y me invitó a pasar. La seguí. Ella se colocó detrás del mostrador y yo me puse delante de ella. Estaba nervioso y por alguna razón me sentía humillado. Cuando me preguntó cuánto tiempo necesitaba no supe qué contestar. Le pregunté, bajando la voz, cuáles eran mis opciones.

– Eso depende, joven, de cómo ande. Hay gente que viene por quince, otros por media hora, otros por toda la noche, lo que usted desee.

Desplacé mi mirada incómoda alrededor. Los hombres que aguardaban sentados en el vestíbulo no parecían mostrarme el menor interés. Estimé que una hora sería suficiente. Siempre podía, si deseaba más, adquirir más. La señora asintió satisfecha, tomó el dinero de mi mano, buscó el cambio dentro de una caja de metal, sacó una cerveza de una neverita detrás de ella, me la dio y me pidió que me sentara a esperar.

– En cinco minutos sacamos a las niñas.

El vestíbulo estaba conformado por dos paredes verdes delante del mostrador, unas sillas de tela café, también forradas de plástico transparente, y una mesita de madera en el centro donde un montículo de revistas de ocio resaltaba. Sujeta a la pared detrás del mostrador, una televisión transmitía las noticias del día. Sentados en las sillas, los hombres que sepultaban su calentura debajo de un silencio de piedra, se mordían las uñas o clavaban la mirada en la pantalla dándole tragos a la cerveza de cortesía. No era la primera vez que me iba de putas, pero una expresión en la cara de esos hombres, la soledad cruda que sus miradas destilaban, me despertaron asociaciones con una sala de espera en un hospital. A los cinco minutos, un grupo de mujeres de toda complexión física imaginable, aunque primaban las rechonchas, desfiló ante nosotros. Teníamos que elegir según el orden de llegada. Corrí con suerte y cuando me tocó elegir, la chica que me había gustado seguía disponible. Era joven, rubia falsa pero guapa, y bastante delgada en comparación con las otras. Al ver cómo yo le puse los ojos encima y la señalé con el índice izquierdo, me devolvió una sonrisa amable y evasiva. La señora del mostrador le dijo que me llevara al "cuarto cinco, una hora" y me pidió que dejara la cerveza en el mostrador.

El cuarto cinco desprendía un olor a sexo, perfume barato y spray de pelo. No me molestó. Unas paredes rojas rodeaban la cama recién tendida con sábanas rosadas y limpias. A la izquierda, una puerta entornada conducía a un baño. La muchachita se desnudó y, exhibiendo la sombra en su pubis, me miró de frente:

– ¿No te vas a quitar la ropa?

– Sí, sí, solo estoy viendo el cuarto –dije, un poco incómodo.

Me paseé, curioso, por la habitación. Encima de la cama, cuyos resortes chirriaban, se abría una ventana que daba, me di cuenta, al jardín de la iglesia barroca. Era un jardín lujuriante, recuerdo, tupido de plantas húmedas y árboles exuberantes. Deposité mi mochila sobre la mesita de noche y me desnudé. Atraje el cuerpo cálido de la muchacha hacia el mío.

– Hay que apagar la luz –susurró.

Buscaba eso, tan sólo; un cuerpo. Un cuerpo que no me reflejara mi propia podredumbre. Una geografía de piedad donde sembrar mis sueños. Ahí, en el cuarto de paredes rojas, descubría que la plenitud no se hallaba aquí, en esta realidad, sino en esa otra que se bifurcaba de ésta, la realidad que vivía con la muchacha rubia, cuyo camino me conducía al origen, no a mi origen, sino al origen de todo, a ese origen donde la vida se inicia y culmina en el mismo punto: el cuerpo. Y ahora sólo había eso, dos cuerpos, el suyo y el mío, un hombre y una mujer. Y detrás de nosotros, lavado por la lluvia, primigenio, se extendía el jardín. Yo avanzaba por ese camino, el camino del cuerpo, el camino del cuerpo que me llevaba al origen, a nuestro origen. Y así, consagrando mi cuerpo a otro cuerpo, me entregaba al sueño, entregaba mi cuerpo a otro cuerpo del que nacería otro cuerpo, y así nosotros y los cuerpos que nacen de nuestros cuerpos. Y así, en ese sueño múltiple donde la vida se multiplica, así, bajo la soledad de un cielo muerto me quedé dormido, unido al cuerpo de la muchacha tierna que, con su vocecita dulce, recién nacida, puntual, al cabo de una hora me despertaba: se me había acabado el tiempo.

LOS AVIONES EN EL AIRE

1.
Las despedidas siempre tienen la misma apariencia y sin embargo cada una es diferente. Un hombre se despide de una mujer. Un hombre cualquiera.

El hombre recoge su maleta azul del suelo. En su ascenso, la maleta se bambolea y absorbe la luz blanca que baña el atrio del aeropuerto. El hombre no percibe los reflejos que destellan sobre el cierre porque vuelve a depositar la maleta en el suelo para abrazar a la mujer. Una mujer cualquiera. Un ligero malestar se deposita en el estómago del hombre. El hombre y la mujer se separan.

El hombre avanza; se desplaza por el atrio entre otros hombres y otras mujeres. Se incorpora a una fila de hombres y mujeres que sale del control de seguridad. Se quita el cinturón, anticipando. Toma de la mano de una mujer uniformada una bandeja de plástico y coloca su cinturón, su teléfono celular y su cartera en su interior. Escucha el chasquido de las bandejas entrechocando. Escucha el pitido que indica metales al pasar por el arco detector. Se le acerca una mujer con mala cara. Lo registra con un detector de metales portátil. El hombre se olvidó de dejar su reloj en la bandeja. Lo hace. La bandeja vuelve a pasar por los rayos x. El hombre bosteza. Recoge sus pertenencias. Guarda su cartera en el bolsillo trasero del pantalón; su celular en el bolsillo delantero; se pone el cinturón; coloca la maleta azul sobre el suelo y eleva el asa. El hombre echa una mirada atrás; alza el brazo; lo agita. Se despide. Lo despiden. Su gesto se retuerce emulando el gesto retorcido que se exprime en la cara de la mujer, al otro lado del control de seguridad. Ella le grita adiós. El hombre avanza; se desplaza.

Un hombre entre dos tiempos; ni joven ni viejo. El recuerdo de la mujer despidiéndose de él perdura en su memoria. El hombre, con un vacío en el cuerpo, se aferra a su maleta azul. Se muerde la cara interior de la mejilla izquierda. Respira. Se tranquiliza. El hombre avanza; se desplaza entre dos tiempos, pasado y futuro; se mete en una tienda de revistas. De un muro de revistas extrae una; la hojea. El recuadro de luz blanca encima de él lanza destellos sobre las páginas de la revista. Las caras, los paisajes, los textos, se manchan de luz. El hombre recoloca la revista entre la hilera de revistas. El recuerdo de la mujer despidiéndose de él retorna; se impone entre el hombre y el mundo, como un cristal empañado. De un muro de chicles y mentas el hombre extrae unas mentas. Paga. Todavía le queda dinero del país; unas monedas, al menos. El país: ¿su país? El país está extendido afuera de la cápsula sin tiempo que engloba al hombre. El hombre sale de la tienda de revistas. Abre las mentas. Se mete una a la boca. Un hombre entre dos tiempos. Respira. Se tranquiliza. El hombre avanza; se desplaza; atraviesa la fila de salas de espera que se suceden a tus lados. La gente está desparramada sobre los asientos en las salas; mastican la espera. Voces hablan a tu alrededor en la nueva babel. Un pasajero se extravió, al parecer. Carriolas, baños, fuentes de agua, maletas de mano, azafatas, sándwiches, refrescos; el espectáculo habitual. El olor del café nada en el viento. En la alfombra se dibujan las figuras geométricas que otros hombres diseñaron. El hombre encuentra tu sala de espera. Saca su pase de abordar de un bolsillo; comprueba: sí B24; ésta es la sala de espera. Hay un asiento desocupado en la sala de espera B24. El hombre deposita su cuerpo –ese cuerpo que reposa entre dos tiempos, lleno del recuerdo de la mujer despidiéndose de él– sobre el asiento desocupado. A su lado se alza un ventanal enorme. Los aviones despegan en la pista al lado del hombre. Como el brazo de un cuerpo moribundo, el túnel de abordaje sobresale en el ventanal. En su superficie se estampa la publicidad de un banco: *The world is their stage. And it's where they do business.*

Anuncian el número de vuelo. El hombre se vuelve a formar para abordar.

2.
El hombre saluda a la azafata. "Marie", dice su etiqueta. La gente que estaba desparramada en la sala de espera B24 ahora está alineada en el pasillo del avión. Colocan sus maletas en los compartimentos superiores. Una música de los *Beatles* sale de las bocinas. Esta música, te dices, se encerrará para siempre en tu recuerdo de este día. Un día con la misma apariencia de los demás días y sin embargo diferente. Este día traza una línea divisoria entre el antes y el después en la vida del hombre. El día en que el hombre se desplaza hacia su futuro. La musiquita se vierte sobre el oído del hombre; delinea el recuerdo de este instante; lo fija en su memoria. Dentro de treinta años, cuando escuche esta musiquita en un supermercado, recordará este instante. La musiquita flota sobre el murmullo de las cosas humanas. La azafata se te acerca; verifica tu pase de abordar; te ayuda a colocar tu maleta azul en el compartimento encima del asiento 33a; tu asiento. Le das las gracias a la azafata; ella se aleja y olvida en tu mirada su sonrisa amable y evasiva.

El hombre se inserta en el resquicio entre los tres asientos; descarga su peso sobre el asiento 33a. Cierra la hebilla del cinturón de seguridad. El hombre mira hacia fuera.

La azafata les da la bienvenida al vuelo. Da paso a unas indicaciones que no escuchas porque en tus oídos las voces de la despedida resuenan con fuerza. Dibujas, para anularlas, las texturas de las voces que imaginas que escucharás en el futuro. Tu futuro.

3.

Cuando el avión despega piensas en Ícaro. El sueño de Ícaro consumado. Fuera del ruido de la turbina, el silencio se enrosca dentro el avión. La gente sentada en el avión tiene miedo; el avión, colgando del viento, cimbrea. La figura de Ícaro regresa; te preguntas si antes de emprender el vuelo con Dédalo, Ícaro se despidió de Náucrate. Piensas en las islas que Ícaro vio desde el cielo; cómo esas manchas se iban achicando sobre la tela azul conforme ascendía.

En la pantalla enfrente de ti hay un mapa. En esa geografía puedes trazar tu lugar en el tiempo; entre tu pasado y tu futuro se tiende un océano: tu presente es un punto en medio de unas manchas que se van achicando sobre una tela azul conforme el avión asciende.

4.

No puedes quitar la mirada de la ventanilla. Las islas, achicándose sobre la tela azul del mar, se alejan. El recuerdo de la despedida, ahora en la forma de una pregunta, retorna: ¿habrá sido esa la última vez que vi a esa mujer?

El pasado, achicándose en tu memoria, como el mundo bajo tus pies, se aleja. Tu avión asciende. Piensas en el sol; piensas en Ícaro; en cómo sonaba el aire cuando su cuerpo lo cortaba.

¿Qué pensaba Ícaro cuando caía?

Miras el mapa delante de ti: entre tu pasado y tu futuro se tiende un océano; las manchas de las que viniste cada vez más pequeñas, se alejan. Tal vez Ícaro, piensas, como tú, colgando del viento, suspendido entre dos tiempos, no pensaba en nada, sólo ascendía por el cielo escuchando el soplo del viento al cortarlo, acercándose, como tú, cada vez más al sol, extasiándose al sentir cómo el gran astro lo envolvía en su calor, el calor del principio de la vida. Su nueva vida.

Y cayó.

www.ingramcontent.com/pod-product-compliance
Lightning Source LLC
Chambersburg PA
CBHW020000050426
42450CB00005B/264